ちくま新書

アフリカを見る　アフリカから見る

白戸圭一
Shirato Keiichi

1428

アフリカを見る　アフリカから見る【目次】

はじめに 007

I アフリカを見る アフリカから見る 011

第1章 発展するアフリカ 013

1 援助ではなく投資を 014

2 激変する世界――躍進と変革のエチオピア 030

3 「危険なアフリカ」の固定観念 038

【コラム】黒人女性が造る南アフリカワイン 046

第2章 アフリカはどこへ行くのか 053

1 アフリカ農業――アジアで見た発展のヒント 054

2 「愛国」と「排外」の果てに 062

3 「隣の友人」が暴力の担い手になる時 070
4 若き革命家大統領は何を成し遂げたか 076
【コラム】匿名の言葉、実名の言葉 085

第3章 世界政治／経済の舞台として 093
1 中国はアフリカで本当に嫌われているのか 094
2 中国がアフリカに軍事拠点を建設する理由 100
3 北朝鮮は本当に孤立しているのか 106
4 アフリカに阻まれた日本政府の「夢」 111
5 アフリカの現実が迫る「発想の転換」 119
【コラム】英語礼賛は何をもたらすか 125

第4章 アフリカから見える日本 133
1 武力紛争からテロへ——変わる安全保障上の脅威 134
2 南アフリカのゼノフォビア——日本への教訓 141

3　アフリカの小国をロールプレイする　147
4　忘れられた南スーダン自衛隊派遣　153
【コラム】日本人の「まじめさ」の裏にあるもの　165
Ⅱ　アフリカに潜む日本の国益とチャンス　171
あとがき　243
初出一覧　248

はじめに

本書は朝日新聞社のウェブメディア「朝日新聞GLOBE+」に、二〇一七年四月から二〇一九年四月までの二年間、月一回のペースで書き続けた連載エッセイからいくつかを抜き出し、加筆修正したものである。アフリカについての入門書ではなく、特定の問題を論じた専門書でもない。現代アフリカ社会の諸相に焦点を当てつつ、時にアフリカ側に自らの視座を定めて日本を観察したエッセイ集である。各項の内容は独立しているので、最初から順に読み進める必要はなく、気が向いたところから読んでいただければ幸いである。

私が初めてアフリカに足を踏み入れたのは一九九一年二月のことだった。大学の探検部員だった私は仲間と六人で、サハラ砂漠の南側に位置するニジェールという国を訪れ、首都ニアメから遠く離れた半砂漠の村にテントを張って住み込んだ。井戸水をすすり、下痢やマラリアに悩まされながら、農作業や祭りの様子を映像に収めてテレビ番組を制作したり、紀行文を執筆したりした。その時の体験が契機となって、以来三〇年近くにわたって断続的ながらもアフリカに関わり続けている。

当時の日本は世界第二の経済大国であり、バブル経済に沸いていた。一方、アフリカ諸国の多くは世界の最貧国であった。バブルが弾けた後も日本の政府開発援助（ODA）の総額（ドルベース）は一九九〇年代を通じて世界最大であり、多額の援助がアフリカに供与された。少なくとも一九九〇年代までの日本・アフリカ関係の基調は「援助する豊かな日本」と「援助される貧しいアフリカ」であった。多くの日本人にとって、アフリカは「援助し、何かを教えてあげる対象」として認識されていた、といっても過言ではないだろう。

しかし、日本とアフリカを取り巻く状況は大きく変わった。

日本の経済成長はほとんど停止し、一九九〇年には世界第六位だった一人当たり国内総生産（GDP、名目値、ドルベース）は、二〇一八年には世界二四位にまで低下した。いまや国内には、「アンダークラス」と呼ばれる平均年収一八六万円の人々が九三〇万人存在すると言われている。人口減少社会が到来し、少子高齢化の流れが止まらないにもかかわらず、女性が働きながら子供を育てやすい社会に向けた改革は遅々として進まない。阪神淡路、東日本と二度の大震災を経験し、原発事故が起きた。閉塞感と不寛容な空気が社会に横溢《おういつ》し、インターネット空間には他人を罵倒、冷笑する言葉が溢《あふ》れている。経済同友会の小林喜光・代表幹事（二〇一九年四月に退任）が平成の時代を「敗北と挫折の三〇年」と総括したのも、あながち誇張ではないかもしれない。

一方のアフリカは、一部の国・地域では武力紛争が続いているものの、平和と民主主義の定着が各地でみられ、多くの国々で経済成長が長期にわたって持続し、初等就学率が上がり、乳幼児死亡率の顕著な低下が観察される。一人当たりＧＤＰは今なお日本には遠く及ばないが、日本社会の停滞とは対照的に、アフリカ諸国は総じて上り調子にあると言えるだろう。ビジネスフロンティアとしてのアフリカの存在感は急上昇し、アフリカは貧困削減支援を一方的に受け入れるだけの大陸から、各国の企業が鎬《しのぎ》を削る大陸に急速に変貌した。「自分たちの方が進んでいる」と信じて疑わなかった日本人が気づかぬ間に、両者の差は急速に縮まり、ケニアにおけるキャッシュレス決済の普及のように日本の先を行くビジネスモデルも出現している。

本書を上梓《じょうし》しようと思い立った理由の一つは、こうした状況の変化を受け、「日本はアフリカの発展にどのように貢献すべきか」という従来の発想に基づいた関係ではなく、日本とアフリカの双方に利益をもたらす関係を構想してみたいと考えたからである。

新しい関係を構築するためには、アフリカを知るだけではなく、アフリカという鏡に映し出されている日本の姿を観察し、自画像を適切に再認識する必要があるだろう。本書において「アフリカを見る」だけでなく「アフリカから日本を見る」ことにもこだわった理由はそこにある。一人の日本人としては、アフリカという鏡を用いて日本社会の病巣をあぶり出し、日本の再生に向けた手がかりを得たいとの思いもある。

私一人では手に余るこの作業に力を貸して下さったのが、東京外国語大学教授の篠田英朗さんである。篠田さんは国際政治学から平和構築研究までを幅広く手掛け、アフリカ諸国の政治事情にも精通している碩学《せきがく》である。

二〇一八年秋、その篠田さんと新潮社の国際情報ウェブサイト「Foresight」で、「アフリカ」から見える「日本」「世界」のいま」と題して長時間対談する機会に恵まれた。本書のⅡには、その対談の記録が掲載されているので、こちらも読んでいただければ嬉しい。掲載を快諾して下さった篠田さんと新潮社 Foresight 編集長の内木場正人さんに、この場を借りてお礼申し上げたい。

I　アフリカを見る　アフリカから見る

第 1 章

発展するアフリカ

1 援助ではなく投資を

†「過密」なアフリカ

二八年前の一九九一年二月にニジェールを訪れた当時、日本の三・三五倍の広さの同国には、大阪府の人口よりやや少ない約八一七万人が住んでいたに過ぎなかった。首都ニアメの人口は確か五〇万程度だったと記憶している。都市と都市、村と村の間に人の姿はなく、サバンナが地平線の彼方まで続いており、車は幹線道路でも三〇分に一台見かけるかどうかだった。生まれて初めてアフリカ大陸に足を踏み入れた私を待っていたのは、天井知らずの開放感であった

当時のアフリカ全体の人口は約六億四九〇〇万人で、このうちサハラ砂漠以南のアフリカ四九カ国（サブサハラ・アフリカ）の人口は約五億七〇〇〇万人だった。日本の約八〇倍の広さの大地に、日本の四倍程度の人間が住んでいたに過ぎなかったのである。日本の街の暮らししか知らなかった若造にとって、アフリカはどこまでも広かった。

その後、私は大学院修士課程でアフリカ地域研究を専攻し、毎日新聞社で南アフリカ・ヨハネスブルク駐在特派員（二〇〇四〜〇八年）を務めた。東京や米国のワシントンでも勤務した後に新聞社を中途退職し、二〇一四年からは三井物産戦略研究所で主にアフリカの政治経済情勢の分析に携わり、二〇一八年四月から母校の大学で教鞭《きょうべん》を執りながら細々と日本の対アフリカ外交の軌跡などを調べている。

そんな私は数年前から、アフリカの様々な国に出張するたびに、「昔とは何かが違う」と感じることが多くなった。ひと言でいえば、初めてアフリカを訪れたころのような開放感がないのだ。特に都市部では目に見えて人が増え、しばしば日本以上に過密なのである。車も激増し、各大都市の交通渋滞は、手の施しようがない水準に達している。二〇〇四年九月にケニアの首都ナイロビに行った際、夕方のラッシュの時間帯でも街の中心から郊外のジョモ・ケニヤッタ国際空港まで車で三〇分だった。それから一〇年後の二〇一四年九月、同じ時間帯に空港へ向かったところ二時間半かかった。

いま、サブサハラ・アフリカでは、かつて人類が経験したことのない勢いで人口が増えている。国連が二〇一七年に公表した世界人口予測によると、二〇一五年七月一日現在、世界人口は推定約七三億八三〇〇万で、このうちサブサハラ・アフリカは九億六九二三万人だった。私が初めてアフリカを訪れてからの四半世紀で、ほぼ倍増した計算だ。

注目すべきは人口増加率の高さである。二〇一〇〜一五年の世界の人口増加率が年平均一・一九%だったのに対し、サブサハラ・アフリカは二・七四%だった。世界の他の地域を見ると、アジア一・〇五%、欧州〇・一%、ラテンアメリカ一・一三%、北米〇・七五%に過ぎない。

戦前の日本がそうだったように、社会福祉制度が未発達な社会では、ヒトは子供を多く残し、自らの老後に備えようとする。さらに、たとえアフリカの最貧国でも、予防接種の普及や栄養状態の改善で死亡率は低下しており、平均寿命は延びている。こうして「多産多死」だったサブサハラ・アフリカの社会は、徐々に「多産少死」の社会に変質している。

この結果、国連は、二〇一九年四月に現役で大学入学した若者たちが五〇歳を迎える二〇五〇年の世界人口を九七億七一八二万、このうちサブサハラ・アフリカを二一億二七五五万と予測する。さらに二一〇〇年の世界人口を一一一億八四三六万、このうちサブサハラ・アフリカを四〇億一七五万と予測する。ここに至って人類の、実に三人に一人以上がサブサハラ・アフリカの住人になるのだ。

二一〇〇年には、世界の人口上位一〇カ国の半分をサブサハラ・アフリカの国（ナイジェリア、コンゴ民主共和国、タンザニア、エチオピア、ウガンダ）が占める見通しだ。かつて私が開放感を満喫したニジェールの二〇一〇〜一五年の人口増加率は三・八四%の高率であり、二〇一五年時点で約一九八九万の人口が二一〇〇年には一億九二一八万に達すると予測されている。

まさに史上空前の「人口爆発」と形容するほかない。

人口が爆発するサブサハラ・アフリカは、食糧、若者の雇用機会、エネルギー、土地や水資源などの環境への負荷など様々な課題に直面するだろう。とりわけ対策が急がれるのが、人口爆発によって増え続ける胃袋を満たすための農業の改革である。

†「胃袋」をどう満たすか

サブサハラ・アフリカでは、人口のおよそ半分が農民だ。多くの国でメイズ（トウモロコシ）、米、小麦の三大穀物を主食として生産している。三つ合わせた生産量は毎年およそ一億二〇〇〇万〜一億三〇〇〇万トン。だが、これだけでは足りず、毎年三〇〇〇万〜三五〇〇万トンをアフリカの外から輸入している。

人口の半分が農業に従事しながら主食穀物を輸入しているのは、アフリカの農業生産性が著しく低いからだ。北アフリカ諸国を含むアフリカ全体の一ヘクタール当たりの穀物生産量（二〇一七年）は約一・六トン。これは世界平均の約四トンより著しく低く、インドとタイの約三・二トンなどと比べても低い。機械による農業の効率化が進んだ米国は約八・三トン、日本と中国はともに約六トンだ。サブサハラ・アフリカの村々で行われている農業は、灌漑《かんがい》設備もなく雨水頼みで、化学肥料や農薬もほとんど投入されていない。このため生産性を上げることができないのである。

現状の生産性の低い農業を継続していたのでは、急増する人口を養うことはできず、食糧輸入が増加し続け、やがて世界中の穀物を輸入して食べ尽くすことになりかねない。なにせ二〇五〇年には世界の五人に一人、二一〇〇年には世界の三人に一人がサブサハラ・アフリカの住民になるのだ。サブサハラ・アフリカの農業を改革し、少なくとも主食穀物の自給率を向上させることは、アフリカの人々のためだけでなく、世界全体にとって重要な課題なのである。

そして、人口問題はアフリカの人々だけの問題ではない。それどころか、アフリカとは反対に、これから人口の急減に見舞われる日本に住む我々こそ、人口動態についてよく知っておかなければならない。人口爆発するアフリカと、人口が減り続ける日本。両者は今後、それぞれが直面する課題の解決に向け、協力することができるだろうか。

問題解決に向けた新たな関係の構築。そこでカギを握るのが、日本企業によるアフリカでのビジネスだ。

†アフリカという選択肢

「アフリカでのビジネスに取り組み始めたことで、私たちの会社はこれまでになかった大きな変化を経験しています」

二〇一七年三月、大阪府茨木市の立命館大学茨木キャンパスで開かれた「アフリカビジネスシンポジウム in 大阪」。発表者の一人として出席していた金沢市の環境設備メーカー「明和工業株式会社」の北野滋さん（当時社長、現会長）からそんな言葉を聞いた。

シンポジウムは、日本企業のアフリカ向け投資を促進するために、駐日ケニア大使館と立命館大学イノベーションマネジメント研究センターが主催した。四時間以上に及んだシンポジウムでは、アフリカでビジネスを展開している日本企業五社が自社のビジネスを聴衆に紹介する時間があり、明和工業はそのうちの一社であった。私はシンポジウム冒頭の基調講演を行うために招かれ、会場で北野さんと言葉を交わす機会を得た。

明和工業は、下水汚泥や生ごみを農業用肥料に作り変えるプラントなどを製造・販売している社員五〇人ほどの企業だ。二〇一六年、ケニアの環境コンサルティング企業で働いた経験のある若い男性を社員として迎え、ケニアの都市部で増大する廃棄物を処理するビジネスに本格的に乗り出した。

二〇一六年九月には、五年間でアフリカの若者一〇〇〇人を日本の大学院や企業に迎える日本政府の事業「ＡＢＥイニシアティブ」の参加企業として名乗りを上げ、アフリカからの留学生約一五人の二週間の研修を引き受けた。私が北野さんにお会いした二〇一七年には、アフリカからの留学生五人を半年間の本格的なインターンシップで受け入れることにしていた。

同社の創業は、東京オリンピック開催の翌年の一九六五年。二〇〇〇年代に入って以降、中国などアジアの国々に製品を販売してきた実績はあるが、「アフリカでのビジネスに本格的に乗り出すことになるとは、昔は考えもしなかった」（北野さん）という。

外務省統計によると、二〇一七年一〇月現在、日本企業の海外拠点は全世界に計七万五五三一カ所あり、このうち七〇％はアジアに存在している。一方、アフリカにおける日本企業の拠点はというと、全体の一・〇五％に当たる計七九五カ所に過ぎない。進出している日本企業も、総合商社や自動車メーカーなどの大手企業が中心であり、中小企業は数えるほどしかない。

ロサンゼルスの日本総領事館の管轄下だけで約九万六〇〇〇人、ニューヨークの日本総領事館の管轄下だけで約八万人の日本人が暮らしている。一方、日本の八〇倍もの広さのアフリカ五四カ国に住む日本人は、全部合わせて七五九一人しかいない。日本企業にとって、アフリカは今なお遠い存在である。

創業から半世紀以上が経過した今、明和工業がそんな「遠いアフリカ」でのビジネスに乗り出す理由は何か。北野さんは「自社の先進的な技術を駆使し、廃棄物処理の問題に直面しているアフリカ諸国の役に立ちたい」という思いとともに、「アフリカ市場の成長性に活路を見いだしたい」と、その理由を語ってくれた。

†国内市場の縮小に直面する日本企業

人口爆発に直面しているサブサハラ・アフリカに対し、史上空前の人口減少と少子高齢化に直面しているのが日本である。

日本の人口は二〇一一年から減少局面に入った。総務省統計局によると。二〇一八年一一月一日現在の人口は一億二六四五万人。世界一一位の規模だが、国連の推計では二〇五〇年には一億八七九万人にまで減少する見通しだ。

厚生労働省の国立社会保障・人口問題研究所が二〇一七年四月一〇日に発表した「将来推計人口」を見ると、日本の人口動態は、もはやどのような手を打っても反転回復が困難な状況に陥っていることが分かる。

この推計では、一人の女性が産む子供の数(出生率)が現行水準の一・四四であるとした場合、日本の人口は二〇五三年に一億を割り、二〇六五年には二〇一五年比三割減の八八〇八万にまで減少すると予測されている。仮に出生率が二〇二〇年代にかけて急上昇し、二〇六五年まで一・八を維持し続けた場合ですら、ぎりぎり一億人を維持できる程度だという。

人口が減っても、移民の受け入れや労働生産性の向上によって、一人当たりGDPの水準をある程度維持していくことは可能かもしれない。

だが、これからの日本では、確実に人が減り、街が消え、多くの製品やサービスの市場が縮小していく。現行の出生率が続いた場合の人口減を分かりやすく表現すれば、二〇一五年に生まれた子供たちが五〇歳を迎えるまでに、日本では年間平均七十数万人ずつ人口が減っていくということだ。自治体でいえば、岡山市（二〇一九年三月末現在の住民基本台帳人口七〇万七三五五人）に相当する都市が毎年一つずつ消えていく。こうした状況が何十年も続くのである。縮小する国内市場にこだわらず、海外に市場を求めざるを得ない日本企業が出てくるのは必然というほかあるまい。

そのように考えれば、アフリカに活路を見いだそうとする日本企業の選択が、決して無謀な決断などではなく、むしろ一定の合理性を備えた選択に見えてはこないだろうか。なにせ二〇五〇年には、人類のおよそ四人に一人がアフリカ大陸の住人になることが確実視されているのである。

日本には「日本は貿易立国だ」と信じている人が少なくないが、輸出のGDPへの寄与率は実は一割程度に過ぎない。日本は貿易立国どころか、世界の主要国の中で最も貿易依存度の低い国の一つである。日本経済は、基本的には日本人を中心に組織された会社でモノやサービスを作り、国内で販売することを柱に成立してきた。こうした内需依存の経済を可能にしたのが日本の分厚い人口だったことは言うまでもない。

少子高齢化による国内市場の縮小が不可避の日本は今後、企業が海外で稼ぎ、収益を日本へ還流させる仕組みを構築しなければならない。日本企業がまもなく世界人口の四人に一人を占める地域で今から足場を固めておくことは、日本自身の生き残りのために必要な全体戦略の一部ではないだろうか。

日本企業のアフリカ進出は、もはやアフリカの経済発展のためのみならず、日本自身のためでもある時代が来ていると、私は感じている。

†日本企業の出遅れ

「もう援助は必要ありません。日本企業の皆さん、ぜひ投資して下さい」。ここ数年、アフリカ諸国の政府関係者から、そんな言葉を聞く機会が増えた。貧困や飢餓《きが》が蔓延《まんえん》していた一九九〇年代までのアフリカを知る者としては隔世《かくせい》の感を禁じ得ない。だが、今やアフリカが「援助対象地」ではなく「投資対象地」として世界の注目を浴び、アフリカの人々もそれを自覚していることは紛れもない事実である。

一九八〇年代初頭からおよそ二〇年にわたって低迷を続けたアフリカ経済は、今世紀に入って成長軌道に転じた。国際通貨基金（IMF）の統計によると、最も勢いのあった二〇〇三年から二〇一二年までの一〇年間のサブサハラ・アフリカのGDP成長率は平均で年間五・八％に達した。

成長のきっかけは、中国など新興国の経済成長で資源需要が急増し、豊富な天然資源を有するアフリカ諸国に多額の資源マネーが流入したことだった。資源生産国で本格化した成長は周囲の非資源生産国にも波及し、急成長はアフリカ諸国共通の現象となった。

近年の各種資源価格の低迷により、二〇一六年のサブサハラ・アフリカのGDP成長率は一・四％にまで下落したものの、二〇一八年には再び三％台に回復した。二〇〇〇年代のような全大陸的な急成長はひと段落したが、国別に見ると、エチオピアのように現在も一〇％近い高度成長を持続している国も存在する。

経済が成長すれば、所得水準の向上で消費が拡大し、企業にとっての新たなビジネスチャンスが生まれる。過去一〇年ほどの間、世界はアフリカ投資ブームに沸き、日本企業の中にもアフリカで成功を収める企業が現れた。ナイジェリアを中心に販売網を拡大する「味の素」や、ケニアでインスタントラーメンを売ってきた「日清食品」のように、アフリカ社会で一定の知名度を獲得した日本企業もある。

しかし、伝統的にアフリカとの結びつきが強い欧米企業や、今世紀に入ってアフリカ投資を増やした中国、インドなどの企業と比べて、日本企業の「出遅れ感」は否めない。国連貿易開発会議（UNCTAD）によると、二〇一七年時点の世界の対アフリカ直接投資残高の上位一〇カ国は、旧宗主国のフランスが最多の六四〇億ドル。以下、石油企業ロイヤル・ダッチ・シャルがナイジェリアなどで油田開発しているオランダが六三〇億ドル、米国五〇〇億ドル、英国と中国がともに四三〇億ドル、イタリア二八〇億ドル、南アフリカ二七〇億ドル、シンガポール一九〇億ドル、香港一六〇億ドル、インド一三〇億ドル。日本はトップ一〇に入っておらず、日本貿易振興機構（JETRO）の統計によると、二〇一八年末の日本の対アフリカ投資残高は八七億七六〇〇万ドルにとどまっている。中国に抜かれたとはいえ、日本のGDP総額が世界第三位の規模であることを考えると、やはり少ない感じがする。

企業にとって、アフリカへの投資が困難なことは言うまでもない。まず、インフラの問題がある。多くの国で発電所や送電網が絶対的に不足しており、電力の安定確保が至上命題の製造業の進出のネックになっている。また、南アフリカを除いて道路網は未整備で、資材や商品の運搬にはしばしば膨大な時間とコストがかかる。

人材不足も深刻だ。アフリカにも優秀な人材はいるが、残念ながら数が絶対的に不足している。外国企業がアフリカの国で何かの問題に直面した際、その国の所管省庁に相談しても、対応した役人によって言うことが一八〇度違うことも珍しくない。自国の法令に精通している公務員が少なく、そもそも法令自体が存在していないこともあるからだ。

このほかにも「政情が安定しない国が多い」「テロや紛争の心配がある」「汚職がひどく、政府相手のビジネスはできない」「アフリカは欧米や中国の企業に任せ、日本企業はアジアで稼げばよい」など、「アフリカに投資しない理由」はいくらでも列挙できる。

私は仕事柄、様々な日本企業の幹部たちから、そうした声を聞かされてきた。講演会で「アフリカ市場の魅力」について話したところ、聴衆の年配のビジネスマンから「あんな未開の地に投資なんかできる訳ない」と叱られたこともあった。

†進まない投資の理由は?

経営陣が「投資しない」という決定を下すことは、一つの立派な経営判断である。だが、問題は、アフリカ投資に慎重な日本企業(特に大企業)の姿勢が、本当に熟慮の上の経営判断なのかという点ではないだろうか。

アフリカの経済の急成長を象徴する現象の一つに、携帯電話の爆発的普及がある。米国の世論調査機関ピューリサーチセンターによると、ケニアとガーナにおける携帯電話普及率は二〇〇二年時点で人口の一〇％に過ぎなかったが、二〇一四年にはケニア八二％、ガーナ八三％に達し、米国の普及率八九％に迫る水準となった。ケニア政府によると、同国の携帯電話普及率は二〇一七年には九二％に達したという。今や砂漠やジャングルといった遠隔地で暮らす人々の間にも携帯電話は普及している。

アフリカでは長年にわたって有線電話がほとんど普及していなかったため、一九九〇年代後半から二〇〇〇年代にかけて携帯電話の技術が普及した途端に、アフリカ大陸は世界の通信企業の草刈り場となったのである。

翻《ひるがえ》って日本の通信産業はこの間、何をしていたのか、説明するまでもないだろう。日本勢はアフリカどころか近隣諸国へすら進出しない「ガラパゴス携帯（ガラケー）」の担い手であった。私が二〇〇四年から二〇〇八年まで南アフリカに駐在していた当時、南アの携帯電話はアフリカ域内のほぼ全ての渡航先でＳＩＭカードを入れ替えれば通話可能であり、欧米でも使用できた。通話できなかった唯一の渡航先は一時帰国した日本だけだった。

二〇一六年八月にケニアのナイロビで開催された日本政府主催の第六回アフリカ開発会

議（TICADⅥ）に合わせて放映されたNHKのインタビューで、高い経済成長を遂げているアフリカ中部の小国ルワンダのカガメ大統領が「日本はアフリカへの投資を拡大し、協力関係を強化することをためらっているようだ」と本音を漏らしたことがあった。

この一〇年ほどアフリカのエリート層と話をして分かったことは、彼らの多くは日本人の誠実な仕事ぶりや高度な技術力を高く評価しているが、同時に「日本の大企業は経営陣がリスクを取りたがらず、内向きで、決断が遅い」と考えていることであった。日本の経済界にも、こうした現状に危機感を抱いている人はいる。ある総合商社の最高幹部は「今のままでは、日本企業はアフリカの人々から相手にされなくなってしまう。その時に困るのはアフリカではなく日本の方なのだ」と私に話してくれた。

事業の海外展開、それもアフリカへの進出を加速しようと思えば、様々な面で日本の企業文化を変革しなければならないだろう。日本の財界にそれができるだろうか。

二〇一八年六月二一日の日本経済新聞（電子版）に掲載された西條都夫・編集委員による「経団連、この恐るべき同質集団」は印象に残る記事だった。それによると、日本経団連の中西宏明会長と副会長一八人の属性に注目したところ、（一）全員男性、（二）全員日本人、（三）一番若い人が六二歳、（四）全員転職経験ゼロ、（五）全員サラリーマン経営者で起業家ゼロ、（六）首都圏以外の大学の卒業生は一人だけ――だという。

執筆者の西條氏は次のように書いた。「全員が大学を出て今の会社の門をたたき、細かくみれば曲折があったにせよ、ほぼ順調に出世の階段を上ってきた人物であるということだ。年功序列や終身雇用、生え抜き主義といった日本の大企業システムの中にどっぷりとつかり、そこで成功してきた人たちが、はたして雇用制度改革や人事制度改革、あるいは「転職が当たり前の社会」の実現といった目標に本気で取り組めるものなのだろうか」

本当は二一世紀のグローバル経済の波に乗り遅れ、過酷なアフリカ市場で戦える力が備わっていないだけなのに、アフリカの短所を並べて「投資しない理由」をもっともらしく取り繕っているだけの経営者もいるのではないか——。世界各国の様々な業種の企業が悪戦苦闘しながらアフリカでのビジネスに挑んでいる様子を見ていると、アフリカにおける日本の大企業の出遅れは「アフリカの問題ではなく日本企業の側の問題ではないか」と思えてしまうことがある。

日本国内では若者の「内向き志向」を嘆く声を耳にするが、本当の問題は企業幹部の世代である日本の中高年男性たちの「内向き志向」なのかもしれない。日本企業の「出遅れ」が世界市場で戦う力の衰弱を象徴しているのだとしたら、問題はかなり深刻である。

2 激変する世界――躍進と変革のエチオピア

†エチオピアがケニアを抜く

アフリカでは二〇一六年、国家の経済規模を巡って一時的な逆転が起きた。エチオピアのGDP総額がこの年、ケニアのそれを凌駕《りょうが》し、ナイジェリア、南アフリカ、アンゴラに次ぐサブサハラ・アフリカ第四の経済パワーとなったのである。

現在のアフリカで最も注目される国を一つだけ挙げろと言われれば、エチオピア以外にない。資源依存ではない製造業中心の高度経済成長、若き首相の誕生と民主化、そして敵対していた隣国エリトリアとの歴史的な関係改善――。現在のエチオピアは国家大改造の途上にあり、その成否は他のアフリカ諸国にも大きな影響を及ぼす可能性がある。

東アフリカの経済拠点は長年、英国植民地から一九六三年に独立したケニアであった。ケニアは西側資本を積極的に誘致し、一九六〇～七〇年代に高度成長を謳歌《おうか》した。首都のナイロビは外国企業のアフリカ進出の玄関となった。

一方、ケニアの北側に位置するエチオピアは長年、皇帝による独裁政治下にあった。七四年の革命で帝政は打倒されたが、新たに成立した社会主義政権の下で経済は停滞し、内戦が勃発した。社会主義政権は九一年に崩壊したが、内戦で国土は荒廃し、二〇〇〇年時点のケニアとエチオピアのGDP総額（名目値）をドルベースで比較すると、ケニアの約一四一億ドルに対し、エチオピアは約八二億ドルと大きな差があった。

ところが、エチオピアでは新たに権力の座に就いた与党・エチオピア人民革命民主戦線（EPRDF）のメレス首相（首相在任一九九五～二〇一二年）の下で、着々と国づくりが進んだ。それは、南アフリカを除けば地場の製造業がほとんど未発達なアフリカにおいて、製造業中心の経済発展を志向する極めてユニークなものであった。

メレス首相は、第二次大戦後に製造業の成功で経済大国となった日本に強い関心を示した。エチオピアには現在、日本語の「改善」に由来する「エチオピア・カイゼン機構」と称する政府機関が存在する。トヨタ自動車の生産方式に強い関心を示したメレス首相の肝《きも》煎《い》りで、製造業の生産効率を上げるために設立された組織だ。

メレス氏は二〇一二年に現職のまま五七歳の若さで亡くなったが、エチオピアの製造業はその後も着々と発展している。その象徴が、アフリカでは他に類を見ない外国企業向け工業団地の建設だ。二〇〇八年に首都アディスアベバの南方で最初の工業団地が竣工《しゅんこう》したのを皮切りに、既に三つの工業団地（官営二、民営二）が稼働している。操業の中心はインド、トルコ、中国の企業で、三カ国の企業だけで約一五〇〇社以上が投資を認可され、縫製、皮革、自動車組み立て、食品加工などの約五〇〇社は既に操業している。

エチオピア政府は工業団地を計一二カ所に増やす計画で、二つは建設中、五つは建設業者が決まり着工待ちだ。最初に完成した工業団地だけで五万人が雇用されており、政府は最終的に二〇〇万人を製造業で雇用する構想を描いているという。

製造業の振興に注力してきた結果、エチオピアは二〇〇四～一五年まで一二年連続の二桁成長を達成した。二〇一七年の実質GDP成長率は一〇・一%。一方のケニア経済も毎年五～六%台の安定した成長を続けているが、エチオピアの勢いには、やや及ばない。

この結果、両国のGDP総額（名目値）をドルベースで比較すると、二〇一五年にはケニア約六四二億三六〇〇万ドル、エチオピア六三〇億八一〇〇万ドルと差はわずかとなり、二〇一六年にはケニア七〇八億七六〇〇万ドル、エチオピア七〇八億八六〇〇万ドルと、わずかながらもエチオピアがケニアを逆転した。

その翌年の二〇一七年一〇月、エチオピア中央銀行が通貨ブルを大幅に切り下げたことなどにより、ドル換算のGDP規模は同年から再びケニアの方が大きくなってる。IMFは二〇一九年四月時点での予想で、二〇二二年までの両国の実質成長率について、エチオピアは毎年七％台、ケニアは五～六％台と予測しており、東アフリカの経済的「盟主」の座を巡るつば競り合いが続く見通しだ。人口の面では、世界銀行の推計でケニアが約四九七〇万人（二〇一七年）なのに対し、エチオピアは同年に一億人を突破し、アフリカ第二の人口大国になった。

†四一歳首相の登場

順調な経済成長を続けるエチオピアだが、政治的には大きな問題を抱えた国であった。二〇一二年のメレス首相の死後、ハイレマリアム氏が首相の座を引き継いだが、同国には八〇以上の民族が住んでおり、東隣のソマリアとの国境地方に暮らすソマリ系住民は、「オガデン民族解放戦線（ＯＮＬＦ）」を結成して武力闘争を続けている。このように国内では常に遠心力が働いているため、メレス、ハイレマリアム両指導者は力で統一をはかり、そのために反発が激化し、さらに抑圧が激化するという悪循環が形成されたのである。

二〇一五年五月に行われた総選挙（人民代表議会選）では、一九九一年から政権の座にある与党ＥＰＲＤＦが定数五四七のうち五〇〇を獲得した。政権は選挙前に独立系のメディアを激しく弾圧し、野党関係者の逮捕も相次いだことから米国や欧州連合（ＥＵ）は選挙監視団を派遣しようとしたが、エチオピア政府は米欧の監視団を一切受け入れなかった。

これらの「状況証拠」からして、公正な選挙が行われたとは到底思えなかった。

エチオピアの与党ＥＰＲＤＦの中枢は人口の六％程度に過ぎないティグレ人に事実上支配されてきた。こうした中、人口の三割強を占めるオロモ人は激しい弾圧対象となっており、二〇一五年一一月に頻発したオロモ人の反政府抗議デモは、政権によって力で抑え込まれた。エチオピア政府は否定しているが、国際人権団体によると、オロモ人を中心に数千人が治安当局に殺害され、二万六〇〇〇人が拘束されたという。米国の国務省が毎年発行している「人権報告書」は、エチオピア治安当局による令状なしの市民の勾留、拷問など深刻な人権侵害事案を毎年のように報告してきた。エチオピアの経済成長は、国民の口を封じる政治の上に成り立ってきたと言っても過言ではなかった。

しかし、二〇一八年四月、エチオピア政治に大きな変化が起こった。アフリカ諸国の首脳の中で最年少となる四一歳のアビー・アハメド氏が首相に就任し、内政・外交の両面で矢継ぎ早に改革に着手し始めたのである。

数千人が殺害されたといわれる二〇一五年の反政府デモの際、ハイレマリアム首相は国家非常事態宣言を発令し、弾圧で事態の鎮静化を試みたがうまくいかず、エチオピアは経済成長と政治的混乱が同時進行する状態に陥った。事態の収拾を求める国内外の声が強まる中、ハイレマリアム氏は二〇一八年二月一五日、首相とＥＰＲＤＦ議長の両方を退任するとの声明を出した。

その一カ月半後の四月二日、メレス、ハイレマリアムと二代続いたティグレ人の首相ではなく、これまで政権に弾圧されていたオロモ出身の新首相としてEPRDF党内で選出されたのが、イスラーム教徒の父とキリスト正教会の母を持つアビー氏であった。国民同士の融和を進める以外に事態打開の道はないとの意見が党内で強まった結果であった。

アビー新首相は就任早々の二〇一八年七月、一九九八〜二〇〇〇年に戦火を交えて以来、国交断絶状態にあった北隣のエリトリアを電撃訪問し、イサイアス・アフェウェルキ大統領との間で和平合意を結び、国交再開にこぎつけた。

内陸国エチオピアはこれまでジブチ経由でしか海にアクセスできなかったが、紅海に面したエリトリアとの往来が可能になったことにより、外海へのアクセスは劇的に改善した。エチオピアとエリトリアの国交回復は今後、周辺国のソマリア、ジブチ、スーダンなど「アフリカの角」に位置する国々の内政にも様々な影響を及ぼすだろう。

アビー首相は国内でも改革に着手した。就任演説では過去の政権による反政府勢力の殺害を謝罪し、今後は言論の自由を認める考えを明らかにして人々を驚かせた。現在は政治犯の釈放や、囚人への拷問で悪名高い刑務所の閉鎖などにも着手している。

アビー首相の一連の「改革」は、多くのエチオピア国民に歓迎されているが、その一方で大胆な改革を急ピッチで進める若き新首相に対しては、当然ながら国内の様々なアクターから凄まじい反発が出ている。また、中国への過剰債務や経済成長下で拡大する国民間の所得格差といった問題も顕在化している。

就任から二カ月後の二〇一八年六月二三日には、アディスアベバの広場でアビー首相の演説直後に何者かが手榴弾を爆発させ、一人が死亡、一五四人が負傷した。

既得権剝奪の可能性に怯えるティグレ人がアビー首相に反発するのは分かるが、それだけではない。アビー首相の出身民族のコミュニティには、エチオピアからの分離独立を目指す人々がおり、アビー首相を「裏切者」とみなす向きもあるという。

経済面では、経済成長の陰で対外累積債務の問題が顕在化し始めている。米国ワシントンD.C.のシンクタンク「Center for Global Development（CGD）」は二〇一八年三月、中国から投融資を受けている六八カ国の財政や対外債務の状況を調査した報告書を発表した。その中で、対中債務が「特に過大な国」が八カ国、その次に「過大な国」として一五カ国の名が挙げられ、エチオピアは「過大な国」の一つとされた。エチオピアの公的対外債務は対GDP比三〇％で、対外債務の三四％は中国からの借り入れだという。

このようにエチオピアには課題が山積しており、経済成長したとは言っても、一人当たりGDPは八五二ドル（IMF推計）と日本のおよそ四六分の一に過ぎない。

だが、一九九八年から二〇一七年までの二〇年間で、日本のGDP総額が一・二倍になったに過ぎないのに対し、エチオピアのそれはおよそ一〇倍になっているのである。アフリカの事情に疎い日本の企業エリートに、高層ビルが立ち並び、モノレールが走る現在のエチオピアの街並みの写真を見せると、「信じられない」と驚きの声を上げる人が少なくない。かつての「最貧国エチオピア」のイメージが脳裏に固着しているからだろうか。

私たちが気付かない間に、世界は猛烈な勢いで変化している。ここはやはり、日本と比較してエチオピアの貧しさを嘆くのではなく、その躍進ぶりに目を向けたい。

3 「危険なアフリカ」の固定観念

†アフリカ全土が渡航自粛のナンセンス

エボラ・ウイルスは一九七六年、アフリカのスーダンで死亡した男性患者から初めて検出された。ほぼ同時期にザイール（現コンゴ民主共和国）の患者からも同じウイルスが見つかり、ザイールでの死亡者の出身地近くを流れる「エボラ川」にちなんでエボラ・ウイルスと命名された。以来、エボラ出血熱は、アフリカ大陸中央部のコンゴ民主共和国やガボンの熱帯雨林地域を中心にしばしば流行してきた。

エボラ・ウイルスは非常に感染力が強く、対症療法以外に有効な治療法が存在せず、致死率が極めて高い。高熱に加えて鼻や消化管から出血するため、人々に強い恐怖を与える。その名が日本社会に広まったのは、西アフリカのリベリア、シエラレオネ、ギニアの三カ国で、二〇一三年末～一五年にかけて感染拡大した時だった。三カ国では対策の遅れによって感染爆発が起き、一万一〇〇〇人以上が死亡する事態となった。それまでの流行時の死者は数人から数十人、多くても二〇〇人を超える程度であったから、この時の感染爆発は前例のない危機的な事態として国際的に大きく報道された。

エボラ出血熱が恐ろしい感染症であることは間違いないが、この病気は感染者の体液や血液に触れなければ感染しない。したがって、患者の隔離措置が十分ならば感染拡大を防ぐことが可能である。二〇一三年末〜一五年の流行の際は、西アフリカ三カ国から他の国への人の移動が厳しく管理されたので、ナイジェリア、米国、スペインなどで若干の感染者(医療従事者の二次感染が中心)が確認されたものの、三カ国の外で感染爆発するような状況にはならなかった。

ところが、この時、厄介な問題が起きた。西アフリカ三カ国でのエボラ出血熱の流行を理由に、アフリカの全ての国への渡航を自粛する動きが広まったのである。

当時、ナイジェリアの財務大臣を務めていた元世界銀行専務理事のオコンジョイウェアラ氏は、ある国際シンポジウムで、南アフリカ共和国やエチオピアで開催予定だった国際会議が「エボラ出血熱の発生地であるアフリカへの渡航自粛」を理由に中止された実例を紹介し、国際社会に冷静な対応を呼び掛けた。

南アもエチオピアも、流行地である西アフリカ三カ国から直線距離で五〇〇〇キロ以上離れている。五〇〇〇キロといえば、東京からヒマラヤ山脈を擁するネパールの首都カトマンズまでの直線距離に等しい。

西アフリカ三カ国と南アは、同じ大陸上に存在しているとはいえ、間には広大な砂漠やジャングルが広がり、基本的に空路でなければ移動できず、空港では厳重な検疫体制が敷かれている。にもかかわらず、当時、私の周りにも「リベリア、シエラレオネ、ギニアにおけるエボラ出血熱の感染拡大を受けた安全対策」として、社員に南アなどへの出張を許可しなかった日本の大企業がいくつかあった。

こうした安全対策がバランスを欠いた過剰反応であることは、次のように考えてみると分かりやすいかもしれない。ネパールの山中で、エボラ出血熱のような血液に直接触れなければ感染しない疫病が流行したとしよう。その時、「同じアジア」というだけで、欧米人たちが日本への渡航を次々と取りやめたら、我々はどう思うだろうか。

日本の大手企業では、およそ合理的とは言い難い、こうした「アフリカ向け安全対策」を目にすることがある。

テロや感染症などのリスクがアフリカに存在することは事実であり、備えを怠らないことの重要性は論をまたない。だが、それは丹念な情報収集と、科学的な分析に基づくべきであり、「アフリカは危ない」という固定観念にとらわれるべきではない。

†「人々はエボラに無知」は事実か？

西アフリカ三カ国でエボラ出血熱が大流行した際には、先進国とは比べようもない脆《ぜい》弱《じゃく》な現地の医療態勢や、WHOや各国政府の初動の遅れが感染拡大の原因として指摘された。これに加えて、現地の人びとの前近代的な衛生概念や、エボラで死亡した親族の身体に触る現地の葬送の習慣が流行を拡大させたとの解説もみられた。感染者の隔離という「科学的に正しいこと」が現地の人々になかなか受け入れてもらえず、予防対策チームが住民から暴力を受ける事件が報道されたこともあり、現地の人々の教育水準の「低さ」や「無知」が問題視されたのである。

だが、本当に現地の人々は、エボラに対して「無知」だったのだろうか。一つの研究成果を紹介したい。二〇一四年の大流行で二五〇〇人以上が亡くなったギニアの社会、文化などに詳しい龍谷大学農学部講師の中川千草氏（環境社会学）の研究成果である。

中川氏は、ギニアの人々がエボラの大流行についてどのように認識しているかを明らかにするために、流行地のギニアの市民、さらには国外で暮らしているギニア人らを相手に綿密な聞き取り調査を実施してきた。

興味深いのは、「ギニアの人々を「近代医療に関する知識を持ち合わせていない無知な人々」と見なすのは間違いである」という中川氏の指摘である。中川氏が聞き取り調査したギニアの人々は、エボラ出血熱には有効な予防ワクチンも根本的な治療法も存在しないことをよく理解していたというのだ。

聞き取り調査に対し、ギニアの人々から「わたしたちはEVD（エボラ出血熱）について未だに何も知らない、というあなたたちの態度にはうんざりする」とはっきり言われたこともあったという。流行が続いていた二〇一五年四月の聞き取り調査の際には、調査対象者から次のように言われた。「（予防するには）清潔に！　遺体や病人に触れない！　人が集まるところに行かない！　でしょ？　みんな、知っているよ」（中川千草、「ギニアにおけるエボラ出血熱の流行をめぐる「知」の流通と滞留」、アフリカレポートNo.53、アジア経済研究所、二〇一五年）

そのうえで中川氏は、人々が感染者の隔離に抵抗したのは、致死率の高い疾患に侵された最愛の家族を強制的に隔離施設に連れていかれることへの絶望感といった、人間ならば誰でも抱く辛い感情であったことに着目する。「彼らは無知だったのではない。彼らは事態の深刻さを熟知していたからこそ、隔離と監視に反発していたのだ」という分析には、研究者としての鋭い観察センスと同時に、調査対象者に対する同氏の深い愛情を感じる。

†現実を見誤らせる「アフリカ・スキーマ」

エボラが大流行していた当時、ギニアの人々の近代医学に対する「無知」がクローズアップされる報道は何度も目にしたが、このようなギニアの市井の人々の生々しい声が伝えられたことは多くなかった。なぜだろうか。

中川氏の報告を読んで思い出したのは、アフリカの都市社会の研究などで優れた業績を数多く残している京都大学の松田素二教授が唱えた「アフリカ・スキーマ」という概念である。松田氏は、我々がアフリカに関する情報を解釈・理解するための知識の枠組みを「アフリカ・スキーマ」と名付け、日本人の「アフリカ・スキーマ」を次のように解説している。少し長くなるが、私は非常に重要なことが書かれていると思う。

「現在のアフリカ・スキーマは、一九〜二〇世紀の植民地支配の時代から継続しているといってよい。今日の日本社会に定着しているアフリカ理解は、この強力なアフリカ認識のための枠組みによって作られている。報道する側も、それを受けて理解・解釈・認識する側も、無意識のうちに理解の範型を共有しているのである。

たとえば、アフリカで生起するあらゆる種類の政治的対立、軍事的衝突、社会的憎悪をすべて部族間の伝統的関係性で説明してしまう万能の解釈枠組み（部族対立スキーマ）や、そのバリエーションとして、アフリカでの社会・文化現象を、上から目線で（つねにアフリカを援助し、啓蒙する対象として捉える目線で）、一元的に解釈する認識（未開・野蛮スキーマ）は、代表的なアフリカ・スキーマの一つだろう。

そこでは、現実に生起している歴史のダイナミズムはきれいにそぎ落とされ、千年一日のような停滞的なアフリカ社会が表象され再生産されていくのである」（松田素二「アフリカ・スキーマを超えて」月刊誌『本』二〇〇九年四月号、講談社）

中川氏は学会の発表で、次のような趣旨の発言を行った。WHOや現地に入った支援団体が進める「科学的に正しい」感染症対策は重要だが、その「正しさ」が強調されるほど、地元の人々が従来の知識体系に基づいて下している判断は「無知」と見なされ、彼らは被害者であるにもかかわらず、差別や侮蔑の対象にされてしまう。

エボラ大流行時に明らかになったのは、松田氏の言葉を借りれば、無意識のうちにアフリカを「常に援助し、啓蒙する対象」として捉えているわれわれ日本人を含む先進社会のアフリカ・スキーマではなかったのか。

我が身を振り返れば、大学の探検部員として仲間と初めてアフリカに渡航した二八年前、私は一二本の予防注射を打ってから日本を発った。黄熱病一本、コレラ二本、破傷風二本、狂犬病二本、A型肝炎一本、B型肝炎三本、髄膜炎一本。渡航先のニジェールの政府は入国する外国人に黄熱病の予防接種を義務付けていたが、他の注射については任意だった。

食べ物を十分に加熱すること、ボトル入り飲料以外は飲まないこと、どうしても井戸水を飲む時は十分に煮沸すること、手洗いの徹底、虫刺されへの注意、不用意に犬や家畜に近寄らないこと、裸足で歩かないこと、けがに気をつけること、傷口はすぐに消毒すること、見知らぬ動植物に触れないこと、不特定多数の異性と性交渉を持たないこと——。

後年、アフリカ大陸で家族と暮らし、大陸各地で仕事をするようになってから、そうした常識的な振る舞いを一つずつ実行すれば、多くの病気は予防できることが分かった。今から思えば、二八年前の一二本の予防接種は、明らかにやり過ぎだった。当時の私は、ひと言でいえば無知。アフリカについて何も知らないにもかかわらず、「アフリカは病気が多くて怖い」という固定観念だけは持っていたのだった。

【コラム】黒人女性が造る南アフリカワイン

†亡き祖母の名をブランドに

「このワインの裏には、大勢の英雄がいます。英雄たちが作ったこのワインを日本の皆さんに届けることができ、本当に嬉しく思います」

二〇一九年四月初旬、大阪市内のイタリア料理店で開かれたワインの試飲会に招かれた。出席者二〇人ほどの小さな集まりであったが、食卓に供された四種のワイン(赤二本、白二本)を前に、一人の黒人女性がそんな印象深い挨拶《あいさつ》をした。ヌツィキ・ビエラさん。一九七八年生まれの四一歳。民主化から四半世紀を経た今も人種間格差が残る南アフリカ共和国で、黒人女性として初めて自らのワインブランドを確立することに成功した新進気鋭のワイン醸造家である。

ワイン通でも醸造専門家でもない私だが、試飲会に供されたワインは、いずれも掛け値なしで見事な味であった。ビエラさんには、二〇一八年に「ミケランジェロ・インターナショナル・ワイン・アンド・スピリッツ・アワード」で金賞に輝くなど複数のコンペティションでの受賞歴がある。

ブランド名は「ASLINA（アスリナ）」。四種のワインは二〇一九年、オンラインショップと飲食店への供給を中心に、日本国内で計四〇〇〇本が販売される。

南ア白人政府が堅牢なアパルトヘイト（人種隔離）体制を維持していた四一年前、ビエラさんは同国東部のナタール州（現クワズールーナタール州）の貧村に生を受けた。母親が出稼ぎに出て糊口《ここう》をしのぐ六人暮らし。卓上のグラスにワインを注ぎながら「一家の精神的支柱は祖母であり、私に力を与えてくれたのは祖母でした」と私に語ってくれた。

ワインのブランド名である「ASLINA」は、ビエラさんが敬愛してやまない今は亡き祖母の名である。また、ビエラさんは、四種のワインのうち、カベルネソーヴィニヨンなどをブレンドした自信作の赤ワインを「ウムササネ」と命名した。南アの黒人言語ズールー語でアカシアの木を意味する言葉であり、それは祖母のニックネームでもあった。村の人々は、差別と貧困に決然と立ち向かう祖母の姿を、アフリカの平原に屹立《きつりつ》するアカシアの姿に重ね合わせていたのだという。

†「ワインは白人の酒」だった時代

南アのワイン産業は、一七世紀半ばにこの地に移住したオランダ系白人によって始められた。大西洋岸の西ケープ州はワイン製造に適した気候であり、ケープタウンから東へ四〇キロほど内陸へ入った小都市ステレンボッシュとその周辺には、広大なブドウ畑の中に無数のワイナリーが点在している。

アパルトヘイトの時代、南アワインは「白人の酒」であった。広大なブドウ畑は白人の所有、ワインを造るのは白人、飲むのも白人。「黒人の酒」はもっぱら安い瓶ビールだった。

一九九四年の民主化後も、ワインを嗜《たしな》む黒人は都市部の富裕層と新興中間層など限られているのが実情である。造り手の世界も同様であり、ワインの生産・輸出業者らでつくる業界団体によると、二〇一七年現在、南アには五四六のワイン醸造業者が存在している。しかし、メディアなどの情報を基に非白人の醸造業者を割り出していくと、その数は一〇に満たない。

アパルトヘイトの時代には、最大時でも総人口の約一六％に過ぎなかった白人が国土の八七％に当たる土地を所有しており、逆に人口の約八割を占めた黒人は、国土の一三％に押し込まれていた。

民主化後も土地改革は遅々として進んでいないため、南アの農地の約八割は今も総人口の一割程度の白人に所有されており、ワイン原料のブドウ畑の所有者は、今もほぼ白人のみと言っても過言ではない。南アのワイン産業は、アパルトヘイト時代の負の側面を最も色濃く引きずっている世界なのである。

貧しい黒人の農村で育ち、一六歳で民主化を迎えたビエラさんにとって、ワインなど「飲んだこともボトルに触れたこともない酒」だったことは言うまでもない。

だが、高校卒業後、メイドの仕事をしていた時に転機が訪れる。「できるだけ高い教育を受け、自立できるようになりなさい」という祖母の教えを守り、様々な奨学金に手当たり次第に応募してみたところ、ワイン醸造を大学で学ぶことを条件にした南アフリカ航空の奨学金に当選したのだ。

†二重のハンディを克服、欧米で高い評価

ステレンボッシュ大学でワイン醸造を学んだビエラさんは二〇〇四年、Stellekayaという小さなワイナリーに就職し、醸造家としての第一歩を踏み出した。そこで瞬く間に頭角を現したビエラさんは二〇〇九年、南アの「ウーマン・ワインメーカー・オ

ブ・ザ・イヤー」に選出された。

自信を深めた彼女は、醸造家としての腕を磨く傍《かたわ》ら、ワイナリーの一部を借りて独自ブランドのワイン製造を開始し、二〇一四年にはじめて祖母の名前ASLINAを冠したワイン一八〇〇本を世に送り出した。そして二〇一六年にStellekayaを退社。自らのブランドASLINAの生産に専念する生活が始まった。

ASLINAを生産し始めた当初は、南ア国内の酒販業者に店頭での販売をお願いしても「黒人の女が醸造したワイン？」と見下され、取り合ってもらえないこともあったという。ビエラさんには、白人が支配するワインの世界における黒人という人種的なハンディに加え、男性中心の業界における女性という二重のハンディがあった。

しかし、ASLINAが欧米で高く評価されたことで、二〇一八年には南アの高級紙メイル・アンド・ガーディアンなどにもビエラさんに関する記事が相次いで掲載され、南ア国内でもその名が広く知られる存在となった。二〇一九年は国内販売用と輸出用合わせて二万本の生産を目標にしている。

ブドウ畑を持たないビエラさんは、信頼できる農家からブドウを購入している。自らのワイナリーを所有していないため、賃料を払って他社のワイナリーを間借りしており、製造条件が恵まれているとはいえない。

しかし、本項の冒頭で紹介した「大勢の英雄」に言及した挨拶が示すように、ビエラさんは「ASLINAに関わるすべての人々の力で一本のワインを作り出すことに、無上の喜びを感じている」と話してくれた。

薄給で働くワイン農園の無数の黒人労働者、醸造学の恩師、仲間の醸造家、ワイナリーのオーナー、酒販店、輸入代理店——。ビエラさんの感謝の念は、ブドウ生産から販売までの全過程に関わる人々に向けられているが、彼女と話していると、それだけではないことが分かった。苛烈な人種差別体制と闘った祖母ASLINAを含むすべての人々の献身の上に、黒人女性起業家のフロントランナーの一人としての自分がいるという事実。彼女はそのことに感謝しているのだった。

この世に「必飲のワイン」なるものが存在するか否か、私は知らない。だが、一人の女性醸造家を育んだ今は亡き祖母ASLINAの人柄と生涯を想像する時、このワインは、飲んだ者の心に何かを残すように思う。

第２章

アフリカはどこへ行くのか

1　アフリカ農業――アジアで見た発展のヒント

†変貌するミャンマー

二〇一九年一月下旬から一週間、私を含む大学教員五人でミャンマーを訪れた。ミャンマーを訪れるのは四回目で、前回の訪問は毎日新聞ワシントン特派員時代の二〇一二年一一月、現職の米国大統領として初めてミャンマーを訪問したオバマ大統領（当時）の同行取材だった。

私がこれまでに訪問ないし居住したことのある国は五〇カ国ほどあるが、そのうち半分はアフリカの国々である。三年間家族で住んだ米国を別にすれば、アフリカ以外の地域の国々については、会議のために首都を訪れただけのことが多く、その国の社会を落ち着いて観察できる機会は少なかった。

しかし今回は、私にとっては幸運極まりないことに、ミャンマー農村研究のエキスパートである立命館大学の松田正彦教授が一行のリーダーを務め、ヤンゴンのダゴン大学を中心とするミャンマー人研究者の皆さんが我々の調査をアレンジして下さった。このため出張の本来の目的である人間の安全保障研究の合間に、ミャンマーの社会を様々な視点から観察する機会に恵まれた。

国際通貨基金（IMF）によると、ミャンマーの二〇一七年の実質GDP成長率は六・八％で、二〇一八年は六・四％と予想されている。およそ六年前の前回訪問時と比べると、首都ヤンゴンは高層建築が増え、自動車の爆発的増加で交通渋滞が激化していた。

前回訪問時には伝統衣装のロンジー（巻きスカート）を身に着けている人々が男女ともに多かったが、ヤンゴンの若年男性はズボンをはいた人が多数派に変わり、スカートやジーンズをはいた女性が増えたようにも感じた。オバマ大統領訪問の前後に米国による経済制裁が段階的に撤廃されたことにより、トイレの便器から清涼飲料水に至るまで、様々な米国製品が流入していたのも印象に残った。

しかし、これまでアフリカ諸国以外の国を落ち着いて観察する機会の少なかった私にとって印象的だった光景は、こうした経済発展に伴う都市部の変貌ぶりだけではなかった。

我々は今回、ヤンゴンから車で一〇時間ほど走り、タイとの国境の小都市ミャワディを訪れたが、その道中には水田や畑が広がっていた。これまでアフリカ諸国の農村ばかり見てきた私の目には、ミャンマーの田畑は大変新鮮なものに映った。

ミャンマーの水田

†基本的な技術がまだ足りない

上の写真を見てもらうと分かるが、道の両側に広がる水田には畔《あぜ》があり、田んぼは平らだった（田のデコボコをならして平らにすることを均平化という）。乾期の田に水はなく、収穫後の稲の根元の部分が残っているだけだったが、稲の根元は整然と直線になって並んでいる。これはミャンマーの農民が田植えを直線的に行っていること（正条植えの実施）を示している。

日本の水田を見慣れている現代日本人には、均平化、畔の存在、正条植えなど当たり前の光景に過ぎない。東南アジア諸国の農村をよく知っている人にとっても、当たり前の光景なのかもしれない。

モザンビーク中部のメイズ（トウモロコシ）畑

しかし、こうした生産性の向上につながる基本的な技術が十分に行き渡っていないのが、アフリカ諸国の農業である。上の写真はアフリカのモザンビーク中部で私が撮影したメイズ（トウモロコシ）の畑である。畔がなく、正条植えもなされておらず、灌漑設備もなく、雨水頼みの栽培が行われていることが分かるだろう。

コメ、メイズ、小麦といった主食穀物を自国内において安定的に生産することは、飢餓を防ぎ、国民の栄養状態を改善するだけではない。自国の農村から都市部に安く安定的に主食穀物を供給できれば、都市労働者の賃金を抑制することが可能になり、国際競争力を持った製造業の育成にもつながる。

農業の問題を考える際には、一ヘクタール

（一〇〇メートル×一〇〇メートル）当たりどれくらい農作物を収穫できるかという視点が重要である。一定の広さの面積でより多くの作物を収穫できれば、その農業は効率が良く、競争力も高い。その逆に広い面積で少量の作物しか収穫できない農業は効率が悪く、競争力を持たず、最悪の場合その国に食糧危機をもたらす恐れすらある。

国連食糧農業機関（FAO）によると、ミャンマーの二〇一七年の一ヘクタール当たりのコメの収量は約三・六一トンである。一方、ミャンマーと同じくコメを主食としている西アフリカのコートジボワールの一ヘクタール当たりのコメの収量は約二・五七トンと、ミャンマーより一トンも少ない。

アフリカ最大のコメの消費国ナイジェリアでは、政府が近年、コメの増産に力を入れている。この結果、二〇〇九年に年間三五四万トンに過ぎなかったコメの生産量は、二〇一七年には九八六万トンと三倍近くに増えた。

だが、一ヘクタール当たりのコメの収量は二トン前後で伸び悩んでおり、ミャンマーの三・六一トンに遠く及ばない。ナイジェリアには単位面積当たりの収量を劇的に上昇させた地域も存在するが、国全体としては農業生産性が向上しないまま、コメの作付面積の拡大によって増産を達成しているのである。

国土には限りがあり、農地として使用できる土地はさらに限られているので、一ヘクタール当たりの収量の改善（農業生産性の向上）を図らなければ、ナイジェリアのコメの生産量は早晩頭打ちになってしまうだろう。

ちなみにモザンビークのメイズの一ヘクタール当たりの収量は〇・九三トン。コメに至っては〇・七七トンに過ぎない。これでは、アフリカ諸国で進む人口爆発に対応できない日が来るのは時間の問題という他ない。

農作物の収量を増大させるためには、化学肥料の適量投入、改良品種の開発と普及、灌漑の整備――などが必要だが、その前に日本やミャンマーの田畑のように、畦作りや正条植えといった基礎的な栽培技術が農民に共有されることが必要である。

畔がなく、均平化されていなければ、田んぼに水を張ることができず、稲と稲の間に雑草が繁茂してしまう。また、畔がなければせっかく投入した肥料が田の外に流出してしまう。さらに、田んぼが均平化されていない状態で直まきを行なうと種が水没して発芽が妨げられてしまうこともある。正条植えは、稲刈りの効率を高めるだけでなく、農作物と雑草を明確に区分して除草のためのスペースを作り出すために極めて重要な植え方だ。

こうした基礎的な栽培技術が農民の間に普及し、定着していくに際しては、自然発生的な技術の誕生と伝播を期待するのではなく、政府機関による指導や普及が死活的に重要である。戦後日本の場合は、都道府県の農政部傘下に存在した農業改良普及所や農業試験場などがその役割を果たしてきた。

農民が昔から続けている農法を「伝統」や「民衆の知恵」として尊重することも時には大切だが、政府が農民の伝統の中に潜む「後進性」や「停滞」を洗い直し、これを改善していくことが必要な場合もある。「昔ながら」が常に正しいわけではないのである。

†アジアとアフリカは互いに学べる

低生産性にあえぐアフリカの農村を長年見てきた者の目には良く整備されているかに見えたミャンマーの水田風景だが、ミャンマーの米作は様々な問題を抱えているという。

ミャンマー政府は一九七〇年代以降、化学肥料投入や近代品種導入等の「緑の革命」を実施し、一九九〇年代には作付面積の拡大も図った。

二〇〇三年には、公務員や軍人に対するコメの配給とそれを支えてきた農家に対するコメ供出の強要制度が廃止され、コメの流通が自由化された。政府は二〇〇七年からコメの輸出を奨励しているが、灌漑設備や化学肥料投入の不足などによって、生産性の向上は頭打ちになっているという。

だが、車窓の外に広がるミャンマーの水田を見ながら、仮に化学肥料の投入や灌漑が不十分であったとしても、畔の存在や正条植えといった基礎的な技法の普及によって、アフリカ諸国の農業は少なくとも一ヘクタール当たり一トン程度の増収を期待できるのではないかと考えていた。

水田を見ながらもう一つ考えたことは、このアジアの農村の光景を、できるだけ多くのアフリカの農民と農政担当者に見て欲しいということだった。人は異なる文化に接し、自分の文化を批判的に再検討することによって、様々なことを学ぶことができる。アジアとアフリカには互いに学び合える事柄が多数あるように思う。

2　「愛国」と「排外」の果てに

†「象牙の奇跡」が見た地獄

日々の暮らしとは直接関係のない、遠い外国の事情について知ることに意義があるとすれば、それは何だろうか。

アフリカ大陸の大西洋岸に、一九六〇年にフランスから独立したコートジボワールという国がある。人口およそ二四〇〇万（二〇一七年、世界銀行）。チョコレートの原料カカオの世界的産地として知られ、二〇一二年以降、年によっては二桁を記録する順調な成長を続けている。国際通貨基金（ＩＭＦ）の統計では、実質ＧＤＰ成長率は二〇一六年が八％、一七年が七・七％、一八年が七・四％と堅実な成長ぶりである。

今でこそ成長軌道をひた走るコートジボワールだが、今世紀はじめのおよそ九年間、この国は内戦を経験し、地獄を見た。私は内戦中の二〇〇六年六月に政府支配地域と反政府勢力支配地域の双方を取材で訪れた経験がある。反政府側の街では学校が閉鎖され、病院には医師もおらず、薬もなく、都市機能は麻痺し、多数の住民が劣悪な衛生環境の下で避難生活を送っていた。

内戦が始まったのは今から一七年前の二〇〇二年九月だった。国土の北部で国軍から離反した兵士七五〇人が武装蜂起し、反乱の狼煙《のろし》はみるみる拡大した。同国の首都は、法律上は国土のほぼ中央部に位置するヤムスクロという小さな街だが、実際の政府機能はギニア湾に面した南部の大都市アビジャン（人口約四四〇万）に置かれている。北部の広い範囲を制圧した反乱軍と、アビジャンの中央政府軍との泥沼の戦闘の末に戦況は膠着《こうちゃく》状態に陥り、コートジボワールの国土は二〇一一年まで南北に分断された。

一九六〇年の独立から三三年にわたってコートジボワールを統治したのは、「建国の父」である初代大統領のフェリックス・ウフェ・ボワニだった。西側資本を積極的に導入するウフェ・ボワニの政策は繁栄をもたらし、一九六〇年〜八〇年までの実質GDP成長率は年率平均六・二%を記録した。アビジャンはガラス張りの高層ビルの周りを高速道路が走る巨大都市に成長し、同国の経済的成功は「象牙の奇跡」と称賛された。

そんな経済的繁栄を謳歌したコートジボワールが、今世紀に入ってなぜ、内戦で国土が二分される状態にまで転落したのだろうか。

†ナショナリズムと排外主義の台頭

一九六〇～七〇年代の高度成長後、同国経済は通貨政策の失敗や主力産業のカカオの国際価格の下落などで失速していった。八〇年代に入ると経済が低迷し、九〇年代前半には政府債務がGDP総額に匹敵する規模に達した。

経済情勢が悪化する中、独立から三三年にわたって国を率いたウフェ・ボワニは一九九三年一二月、現職大統領のまま八八年の生涯を閉じた。憲法の規定により、国民議会議長のコナン・ベディエが大統領代行に就任したが、任期は一九九五年一〇月に予定されている大統領選までだった。一部の国民の間には、ウフェ・ボワニの下で首相を務めていたアラサン・ワタラこそが後継者にふさわしいとの声が高まっていた。

経済が低迷し、庶民の生活が厳しさを増す中で、国民の閉塞感を背景に台頭したものがあった。ナショナリズムと愛国的排外主義である。

一九九四年一二月八日、ベディエ大統領代行の与党が多数を占める国民議会は、一九九五年に予定されている大統領選挙に適用される新選挙法案を賛成一〇九票、反対一三票で可決した。この新選挙法に対し、ワタラの擁立を目指す野党勢力は猛反発した。同法が、ワタラの大統領選への出馬を難しくする内容だったからである。

新選挙法には、候補者の条件として「生まれた時から継続してイボワリアンであること」という内容が盛り込まれた。さらに大統領選に関しては「候補者本人が満四〇歳以上であり、候補者本人に加えて両親が生まれながらのイボワリアンであること」と定めた。

ワタラはかねがね、自分が隣国ブルキナファソで少年時代を過ごしたと公言していたが、出生地についてはコートジボワールであると主張していた。

ところが、新選挙法案の審議が議会で始まると、与党系メディアは「ワタラ、彼の父親ともに本当はブルキナファソ生まれだ」と繰り返し報道するようになった。さらに、ワタラは新選挙法で定められた「イボワリアン」の資格を有していないので、一九九五年に予定されている次期大統領選挙への立候補資格はないと強調した。

†愛国青年の「ヘイトスピーチ」

日本の読者のためには、新選挙法に盛り込まれた「イボワリアン」という概念について説明が必要だろう。

先述した通り新選挙法は、大統領選への立候補資格として①候補者本人が満四〇歳以上であること、②生まれながらのイボワリアンであること――を定めた。

しかし、仮に「イボワリアン＝コートジボワール国籍保持者」だというのならば、四〇歳以上の立候補者が「生まれながらのイボワリアンであること」はあり得ない。コートジボワールの独立は一九六〇年。大統領選は一九九五年。少し考えればわかるが、独立して三五年の国家で「四〇歳以上の生まれながらの国籍保持者」が存在するはずがないからである。

独立前のフランス植民地時代には「コートジボワール国籍」に相当する制度が存在するはずもなく、一部のエリート住民が「フランス国籍」を与えられ、一般の庶民は「原住民」として分類されていた。全住民に「国籍」が付与されたのは一九五三年のことであり、その際に与えられたのも、当然ながら「フランス国籍」だった。

結局、イボワリアンには明確な定義が存在せず、「昔からコートジボワールの土地に住んでいた人の子孫」といったぼんやりした括りでしかなかった。

だが、経済が低迷する中でナショナリズムと愛国的排外主義が台頭していた一九九〇年代のコートジボワールでは、「イボワリアン」の考え方が広く支持されることになった。このように国民を「イボワリアン」か「非イボワリアン」かに分ける考え方を「イボワリテ民族主義」という。

コートジボワールの国境線は、そもそも旧宗主国フランスが勝手に設定したものだったので、独立後の国内には多数の民族が暮らしていた。建国の父ウフェ・ボワニはこうした社会の実態に合わせた国づくりを進め、コートジボワール在住の外国人に国政選挙への投票を認め、穏やかな条件で国籍を付与した。寛容な移民政策の下、「象牙の奇跡」の恩恵に与ろうと周辺国から移民が殺到し、コートジボワールは全居住者の約三割が外国人という世界有数の移民国家となった。一九六〇~七〇年代の同国は、移民の力を糧《かて》に発展してきたのである。

一九九〇年代に台頭した「イボワリテ民族主義」は、こうした社会の実態を無視する思想だったが、閉塞感に苛《さいな》まれた国民、特に南部の住民の中に、これを支持する人が増えた。

イボワリテ民族主義を掲げたベディエは一九九五年の大統領選で圧勝し、南部の住民は彼の「純血路線」に喝采《かっさい》を送った。移民の子孫の多くは国の北部に居住していたからである。

ベディエは外国人の土地所有を禁じ、「イボワリアン」ではないとされた北部の住民は、雇用などで差別されるようになった。「純血」にこだわる南部住民と、迫害対象となった北部住民の対立が深まったことは言うまでもない。

一九九九年一二月、ロベール・ゲイ元軍参謀長がクーデターを決行し、事態の打開を図ったが、国民の反発で国外逃亡を余儀なくされ、「イボワリテ民族主義」に固執する排外的な「イボワール人民党」のローラン・バボ(バグボ)が政権の座に就いた。

愛国的な排外主義を強めるバボ政権の下で、「愛国」を掲げるシャルル・ブレ・グデという若い政治家が登場した。グデはアビジャンで集会を開催し、「イボワリアン」でない居住者の排斥を訴えて喝采を浴びた。グデは「愛国青年」という政治団体を主宰し、集会やデモでは「イボワリアンでない者はコートジボワールから出ていけ」というヘイトスピーチが猛威を振るった。

コートジボワール南部社会における排外主義の高まりに対し、コートジボワールへの移民送り出し国であるブルキナファソ、マリ、セネガルなどの周辺国は危機感を表明した。だが、バボ大統領は逆に周辺国を非難し、「愛国青年」がこれに喝采を送った。コートジボワールの国際的孤立は深まり、南北の分断は進んだ。内戦の勃発は時間の問題だった。

二〇〇二年九月に始まった南北内戦は、翌年の和平合意で形式的には終結したが、バボ政権は和平合意を履行せず、混乱は長期化した。結局、紆余曲折の末にバボ大統領が二〇一一年四月に拘束され、南北に分断されていたコートジボワールはようやく再統一された。同国は長い混乱の末に、ようやく本項冒頭で紹介した高度経済成長に辿《など》り着いたのである。

国民の間に広がった「イボワリテ民族主義」を背景に成立したバボ政権の愛国・排外主義政策を批判し、フランスへの亡命後に亡くなったコートジボワールの小説家、アマドゥ・クルマは、イボワリテ民族主義が「破滅的な結果へと国を導いていった」と書き残している。

「象牙の奇跡」と呼ばれた高度成長の後に常態化した経済低迷。巨額の政府債務。庶民の生活水準の低下。長期に及んだウフェ・ボワニ率いる与党の一党支配と、その後の混乱。与党ベッタリの政治メディア。排外主義の台頭。苛立ちや閉塞感を他者への攻撃で解消する風潮。扇動型政治指導者の登場。ヘイトスピーチの拡散。近隣国との関係悪化――。これら全ての積み重ねの末に内戦は始まり、コートジボワールは地獄を見た。同国の経験は、我々に何かを教えてはいないか。

3 「隣の友人」が暴力の担い手になる時

†大統領選が大惨事に

最初に一枚の写真（左ページ）を見ていただきたい。角材や斧を振り上げた若者たちが集まり、撮影者の私に向かって興奮した表情で大声を発している。

これは二〇〇七年一二月にケニアで実施された大統領選挙の後、首都ナイロビのキベラ・スラムで起きた騒乱の様子を私が撮影した写真である。外国人ジャーナリストの私が彼らに暴力を振るわれることはなかったが、彼らは撮影が終わると暴徒と化し、夜通し家屋の破壊や住民に対する襲撃を繰り返した。身の危険を感じた私は一度スラムから脱出し、翌朝スラムに戻ってみると、焼け焦げた家屋が各所に点在していた。

この二〇〇七年の大統領選は、再選を目指した現職のキバキ大統領（当時）と、野党オレンジ民主運動ODMのオディンガ氏の事実上の一騎打ちであった。

選管はキバキ氏の当選を発表したが、開票作業の最中からキバキ陣営の組織的不正をう

ナイロビのキベラ・スラムで起きた騒乱（2007年12月）

かがわせる数々の疑惑が浮上した。このためナイロビのキベラ・スラムやケニア西部のリフトバレー州では、開票結果に不満を抱いたオディンガ支持者によるキバキ支持者の襲撃が発生し、キバキ支持者による報復も激化した。

一連の集団暴力は、複数の政治指導者によって組織的に計画された疑いが指摘されてきたが、真相は今なお判然としない。結局、全土で一〇〇〇人以上が死亡する大惨事に発展し、六〇万人以上が襲撃を逃れて国内避難民になった。

そのケニアで二〇一七年一〇月二六日、大統領選挙が行われた。ケニアでは同年八月八日に大統領選挙の投票があり、現職のケニヤッタ大統領が再選を決めたが、野党候補のオディンガ氏が選挙の無効を求めて提訴したところ、最高裁はオディンガ氏の訴えを認め、選挙のやり直しを命じた。やり直し選挙の結果、現職のケニヤッタ氏が再選を果たした。

二〇一七年の大統領選、さらには二〇一三年の前回大統領選ともに暴力がエスカレートすることなく終了したが、人々の間には二〇〇七年の大統領選後の大惨事の記憶が生々しく残っているため、ケニア社会は大統領選を迎えるたびに緊張を強いられる。

なぜなら、二〇〇七年の選挙後の集団暴力の担い手が、軍や武装勢力のような組織化された軍事集団ではなく、角材や斧など身の回りの品で武装した一般市民だったからだ。おそらくは国民の一％にも満たない、ごく一部の者が暴力に加担したに過ぎないとはいえ、「身近な隣人」が突如として集団暴力の担い手に豹変する現象には、武装組織や犯罪集団による暴力とは別の怖さがある。

†集団極性化が生み出す暴力

サブサハラ・アフリカでは、しばしばこのような「身の回りの品で武装した市民」が加害者となる集団暴力が発生してきた。その最も悪名高い事例は、一九九四年にルワンダで少なくとも八〇万人が殺害された「ルワンダ大虐殺」である。この虐殺は当時のルワンダの政権、軍、過激派組織によって綿密に計画されたものではあったが、大勢の一般市民が斧やナタを手に虐殺に加担したことが世界を驚かせた。

この大虐殺から一〇年後の二〇〇四年にルワンダを訪れ、かつて虐殺に加わった男性を何人か取材したことがある。その時に強く印象に残ったことの一つは、粗暴な雰囲気を漂わせている人は皆無であり、どちらかと言えばおとなしい感じの人が多いことであった。みな、農民や自営業者といった普通の人であり、日常生活で個別に接している限り、「なぜこの人が武器を手に集団による虐殺に加担したのだろう?」と首をかしげたくなる人ばかりであった。

なぜ、普段はおとなしそうな個人が集団暴力の担い手になり得るのか?

心理学の研究成果によれば、そもそも人間には、集団になると一人の時よりも極端な意見を口にしたり、極端な行動に走ったりする習性が備わっているそうだ。こうした人間の習性を、心理学の世界では「集団極性化」と称しており、人間の行動を理解するうえで、きわめて重要な概念なのだという。

人間の行動が集団になると先鋭化してしまう理由として、「集団では責任が分散され、失敗しても個々の責任は分散される」「集団の中では、声の大きい人物の主張に傾く」「人間は誰でも自分の能力を他人に認めさせたいとの欲求があり、他人の前ではリスクの高い選択をしてでも成功しようと考える」といったことが考えられるという。

二〇〇七年のケニアの大統領選後の集団暴力は、キバキ大統領の出身民族キクユ人と、野党候補オディンガ氏の出身民族ルオ人の対立という構図であった。

アフリカの国々は植民地時代に宗主国によって設定された境界線を引き継ぐ形で独立したため、国内に多数の民族が暮らしている。このためアフリカで市民参加型の集団暴力が発生する際には、人々が「民族」を単位に凝集するケースが多い。民族という同質性の高い集団の中に、他の民族に対する暴力を扇動する声の大きな人物が現れると、そこに集団極性化の原理が働き、普段は穏健な人の中から集団暴力への参加者が出てくるのである。

集団極性化の概念を頭において国際社会を観察してみると、「普通の市民による集団暴力」が、決してアフリカだけの問題ではないことに気づく。近年、日本国内でしばしば発生しているヘイトスピーチ・デモや、トランプ政権誕生後に米国で活発化の兆しがある白人至上主義者の街頭活動などに、私はアフリカの集団暴力と同質の人間心理を感じている。

これら先進社会の現象には、言うまでもなくインターネットの発達が密接にかかわっている。マスメディアという「権威」から個人に向けて一方的に情報が提供されていた昔とは異なり、インターネット空間における情報の流れは、双方向かつ多方向である。その結果、自分にとって好ましく都合良い情報ばかりを選択し、同じような思想や嗜好《しこう》の持ち主だけでつながることが容易になった。こうして社会全体から見ればごく少数の極端な意見の持ち主であっても、インターネット空間では一定規模の集団の形成が可能になっている。

このネット上の集団は、そもそも思想や嗜好が似ている者の集まりであるため、集団極性化の原理が強烈に作用する。メンバー各人の間に「集団内で認められたい」との心理が暗黙裡に働き、言動や行動はどんどん先鋭化する。匿名で責任が分散されているため、無責任な発言を安心して口にできる。

こうして日常生活で接している限りは穏健で内気に見える人が、ネット上の集団の一員として先鋭化した主張を展開し、しばしば集団で街に繰り出しては異様な攻撃性を発揮する時代が到来した。

幸いにして警察力が強い先進社会では、斧やナタを手に街を練り歩くことは不可能なため、アフリカ社会のような大規模な物理的暴力が行使されることはない。だが、我々は、極端な意見が集約され、行動に移されやすいという点で、集団暴力の発生と紙一重の時代を生きているのである。

4　若き革命家大統領は何を成し遂げたか

†アフリカのチェ・ゲバラ

今から三二年前の一九八七年一〇月一五日、サハラ砂漠の南側に位置するブルキナファソという小国で、後に「アフリカのチェ・ゲバラ」と呼ばれることになる男性が凶弾に倒れた。トマ・サンカラ（Thomas Isidore Noël Sankara）、享年三七。その四年前、三三歳で就任した同国の若き大統領であった。

サンカラは腐敗した独裁政権があふれていた一九八〇年代初頭のアフリカにさっそうと登場し、数々の改革の断行によってブルキナファソの庶民から圧倒的な支持を得た。腹心による暗殺で、その治世はわずか四年二カ月で幕を閉じたが、非業の死から三二年が経過した現在も、サンカラは人々の間で「英雄」として語り継がれている。

サンカラは一九四九年一二月二一日、現在のブルキナファソの首都ワガドゥグの北およそ一〇〇キロに位置する小さな村で生まれた。

彼が生まれた当時、ブルキナファソはフランスの植民地支配下にあったが、彼が一〇歳になった一九六〇年に「オートボルタ」という国名で独立した。内陸国の同国にはこれといった産業もなく、多くの国民が南側の隣国コートジボワールへの出稼ぎ労働に依存する世界最貧国の一つで、独立後は腐敗した文民政権の登場と軍事クーデターが繰り返された。

一九歳で国軍に入隊したサンカラは、隣国マリとの軍事衝突での活躍などで頭角を現し、国民の間で広く知られた存在となった。一九八二年一一月のクーデターでウエドラオゴ政権が成立すると、サンカラの国民的人気に着目したウエドラオゴは彼を首相に任命したが、首相となったサンカラがリビア、アルジェリア、キューバなど社会主義陣営に接近すると、旧宗主国フランスはサンカラを危険人物と見なした。

フランスの意を受けたウエドラオゴはサンカラの身柄を拘束して軟禁状態に置いたが、サンカラの盟友だった軍人仲間のコンパオレらが一九八三年八月四日のクーデターで政権を掌握すると、解放されたサンカラは三三歳の若さで新政権の大統領に就任した。

サンカラが政権を掌握した軍事クーデターは、同国の独立以来五度目であった。当時のアフリカでは軍事クーデターが半ば年中行事と化しており、「汚職の追放」や「世直し」を掲げてクーデターで政権を掌握した指導者が、やがて自らも汚職まみれの独裁者と化し、最後はクーデターで打倒されるという、お決まりのコースが大陸中にあふれていた。

ところが、サンカラは違った。

就任の翌年、サンカラは国名を、それまでのフランス語の「オートボルタ」から、この地の人々の主要言語（モシ語とディウラ語）で「高潔な人の国」を意味するブルキナファソに変更した。数々の改革を断行したサンカラは、彼の政策に賛同しない人々からも後に「サンカラは一切私腹を肥やさなかった」と評されるほどカネにきれいな姿勢を貫き、その新国名を地で行く清廉な政治指導者として、人々に語り継がれることになったのである。

サンカラの改革について研究した立命館大学の岩田拓夫教授は、論文で次のように記している。

「サンカラと他の指導者との決定的な違いは、権力を私欲に向けることなく、言葉だけでなく革命を自らの身で示し続けたことである。独立前から続いてきた既得権益を否定し、社会的弱者の権利を拡大することによって、より平等な社会を実現しようとするサンカラの政治的理念は大衆の心を強く動かした」（岩田拓夫「アフリカの革命政権再考　トマ・サンカラが遺したもの」宮崎大学教育文化学部紀要　社会科学第一九号、二〇〇八年）

サンカラは自らの公用車をドイツの高級車ベンツからフランスの大衆車に交換し、里帰りには公共のバスを使った。警備もつけずに徒歩や自転車で外出し、航空機による移動はエコノミークラスを使うこともあったという。特権層だった公務員給与の減額、公務員向けの無料官舎の廃止、汚職の摘発を徹底して進め、国民の喝采を浴びた。

こうしたサンカラの振る舞いを、国民向けのパフォーマンスとみる向きもあるだろう。しかし彼は、不足する財源を公務員手当の削減で捻出《ねんしゅつ》するために自らが率先して範を示し、国家元首であるにもかかわらず月給はわずか四六万ＣＦＡフラン（当時の為替レートで約一八万円）に過ぎなかった。資産は持たず、二〇〇六年にフランスのテレビ局が制作したドキュメンタリーに映し出された彼の自宅は、アフリカの庶民が暮らす土造の粗末な平屋家屋であった。

†「援助漬け」からの自立

サンカラは、サヘル地域で最も深刻な感染症である脳髄膜炎、ポリオ、麻疹《はしか》などの予防注射を九〇％の子供に実施し、世界保健機関（ＷＨＯ）から称賛された。

ブルキナファソ国民の八割が農民であったにもかかわらず、その農法は前近代的で、農村開発は独立以来手付かずの状態であった。そこでサンカラは、農業技術の改良に予算を集中投下し、灌漑のための小規模ダムの建設、村々での井戸の掘削などを進めた。

その結果、一ヘクタール当たり一・七トンだった小麦の収穫量は、三年間で三・九トンに増えた。生産性の低さゆえに飢餓が慢性化しているブルキナファソのような乾燥地域で、この急激な増産は驚くべき成果であった。

独立以来、初めてとなる鉄道を同国に建設したのもサンカラであった。私は一九九一年にブルキナファソを訪れた際、この鉄道に乗ったことがある。

改革は続いた。男尊女卑の風潮が根強いサブサハラ・アフリカにおいて、彼は初めて女性の閣僚を登用し、政府の要職に次々と女性を就任させた。女性を加工業に進出させる一方、男性にも家事を担わせることが人々の意識を変える起爆剤になると考え、男性を市場に買い物に行かせる日まで設定した。農村地域では女子割礼が一般化していたが、衛生状態の悪さから感染症を引き起こすことが問題になっていたために、サンカラは女子割礼を禁止した。一夫多妻婚の禁止、避妊の奨励などを通じて女性たちから圧倒的な支持を獲得した。

サンカラは「援助を受けるということは、援助をする国の言いなりになることだ」との信念を持ち、海外からの援助を安易に受け入れることを拒否した。西側諸国からの援助だけでなく、ソ連からの食糧支援を拒否したこともあった。

サンカラが目指したのは「援助漬け」になってきたアフリカ人の自立であった。一九八四年に国連総会出席のためニューヨークを訪れたサンカラは、多数の黒人が暮らすハーレムを訪れ、米国の黒人の貧困を目の当たりにした。そして総会での演説で「黒い肌をしているだけで、あるいは文化が異なるというだけで、ほとんど動物と変わらない扱いしか受けていない数百万人のゲットーの人々を代表して私は語りたい」と切り出し、アフリカ各国の指導者が援助依存から脱することの重要性を訴えた。

†フランスからは「危険人物」

このように書いてくると、サンカラの有能さと善行ばかりが際立って見えるが、彼の改革は多数の問題も内包していた。

ブルキナファソでの独立後初の鉄道は住民の勤労奉仕によって建設されたものであったが、作業への参加は半ば強制されたものであった。

農村の地主や宗教指導者はサンカラ政権下で「人民の敵」として扱われ、農作業を強制された。だが、貧しい農民たちに歓迎された政策かと思いきや、現実はそう単純ではなかった。人々の尊敬を集めていた宗教指導者までもが労働を強制されたことに対し、貧しい農民の間に農村の伝統的秩序を否定されたことに対する反感が広がったのである。

公務員給与の削減や各種特権の剥奪は国民の支持を得たが、公務員の士気は低下し、行政の質は下がった。また、サンカラは「革命の重要性」を子供たちに教えるために、学校での革命教育を推進したが、多くの教員はこれに反発した。するとサンカラは一四〇〇人もの教員を解雇し、にわか仕立てのアマチュア教員たちが代わりに教壇に立った。学校での教育水準が低下したことは言うまでもない。

汚職の摘発が国民の喝采を浴びたことは事実だが、その手法には問題があった。近代の法治国家では通常、捜査機関の側が裁判を通じて被疑者の罪を証明しなければならない。だが、サンカラ政権下の汚職摘発はその逆だった。政権側から被疑者と見なされた者は、捜査機関に対して自らの無実を証明しなければならなかった。それは、政権側から「犯人」のレッテルを一度貼られたら終わりであったことを意味した。

サンカラは既得権益を失った中間層、富裕層、伝統的首長たちから恨みを買い、旧宗主国フランスはサンカラを危険人物と見なした。一九八七年一〇月一五日午後四時過ぎ、腹心であり友人でもあったコンパオレの指揮下にある軍の空挺部隊が大統領官邸の会議室にいたサンカラを射殺した。コンパオレは大統領職を継承し、二〇一四年一一月に国民の反政権デモに直面して辞任するまで二七年間独裁者として君臨することになった。

†いまも人々の記憶に

三二年前にサンカラが進めた改革を振り返る時、何が見えてくるだろうか。

サンカラはマルクス主義者だった。彼が大統領の座にあった一九八三〜八七年とは、東側陣営の行き詰まりが明らかになり、ソ連でペレストロイカが始まった時代だ。サンカラが暗殺されることなく権力の座にとどまり、東西冷戦終結という時代の流れに逆行して左派色の強い改革を続ければ、やがて行き詰まったであろうことは想像に難くない。政治家であれ映画俳優であれ、若くして非業の死を遂げた人物が過度に英雄視されることを思えば、サンカラもその例外ではないだろう。彼の進めた改革が、彼の非業の死によって「偉業」になった面は否定できない。

また、行き過ぎた「公務員叩き」や「既得権の剝奪」が生みだす弊害は、普遍的な問題として今日の日本にとっても示唆に富むものと言えるかもしれない。社会全体が閉塞感に包まれると、身分も収入も安定した公務員や、地主のような既得権層は怨嗟《えんさ》の的になりやすい。これを叩けば、確かに溜飲《りゅういん》を下げることはできる。だが、それで社会が良くなるか否かは別の問題である。

一方、サンカラが時代遅れのマルクス主義者だったとしても、彼の実行した政策は、今日のアフリカでこそ必要とされている政策である。農産物の生産性向上、女性の地位向上、汚職の摘発とガバナンスの改善、非効率な政府部門の改革、援助依存からの脱却――。三二年前に断行すれば「危険な共産主義者」のレッテルを貼られたこれらの政策を、今や世界が当然のこととしてアフリカ諸国に求めているのは歴史の皮肉である。

男尊女卑を改めることの重要性などは、アフリカだけでなく日本を含む世界全体にとって今も大きな課題である。丸の内や大手町に本社を構える日本の大企業が女性の総合職をまともに採用する気のなかった一九八〇年代に、サンカラはアフリカの最貧国で女性の閣僚や高官を次々と誕生させたのである。

サンカラが暗殺された時、ブルキナファソで取材していたAFP通信の記者は「こんなに大勢の人が通りで号泣している光景を初めて見た」と語っている。ジャズバンドのエレキギター奏者でもあった若き革命家大統領は、その死から三二年が経過した今もブルキナファソだけでなく多くのアフリカの人々の記憶に残っている。

【コラム】匿名の言葉、実名の言葉

†日本人は匿名での発言が好き?

文章を書く仕事をしていると、何らかの媒体に執筆したコラムや記事に様々な反響をいただく。とりわけインターネットの時代になって以降、反響の数は爆発的に増加した。

「自由にモノが言えない社会」よりも「他人の悪口でも自由に言える社会」の方が良いと思うので、インターネット上の書き込みの内容は、それが中傷や罵詈雑言であっても基本的に気にしていない。

しかし、日本語のインターネット空間の様々なコメントを眺めていると、内容よりも気になることがある。それは、日本語のインターネット空間における「匿名・ハンドルネーム」の多さだ。英語のインターネット空間と比べると、あくまで印象に過ぎないが、日本語空間のコメントは「匿名・ハンドルネーム」のものが圧倒的に多いように感じられる。

インターネット空間だけではない。例えば、事件や事故を伝える日本の新聞の社会面には今日、「近所の男性（四三）」や「同じマンションに住む女性（二五）」といった匿名のコメントが多く、匿名を多用する傾向が年々強くなっているように感じる。米国や南アフリカで暮らしていた時に読んでいた英字紙では、あまり見かけなかった表記の仕方である。

総務省が毎年公表している「情報通信白書」の二〇一四年版には、ソーシャルメディアの利用の仕方について国際比較した調査結果が載っている。例えば「Twitter」の利用状況を見ると、日本では利用者の実に七五・一％が匿名である。他の国の匿名での利用率を見ると、米国三五・七％、英国三一・〇％、フランス四五・〇％、韓国三一・五％、シンガポール三九・五％――だ。

同じ調査で「SNSの実名公開における抵抗感」を尋ねた結果をみると、日本では「抵抗感がある」との回答が四一・七％に達する。他の国の回答を見ると、米国一三・一％、英国一一・七％、フランス一五・七％、韓国一一・二％、シンガポール一三・六％――だ。

日本人は匿名での発言が好きなのだろうか。それとも、本当は日本人も実名で好きなことを言いたいのだが、実名で発言すると面倒なことに巻き込まれやすい社会なので匿名で我慢しているのだろうか。あるいは匿名だからこそ「真実」や「真理」に言及できる、ということなのだろうか。

†「誰が言ったのか」の意味

このように書くと、匿名の投稿の正当性を支える論拠の一つとして、「重要なのは発信者ではなく、書かれた内容だ」という主張が寄せられることがある。

確かに、例えば「夕方から雨になった」「今日は学校が休みだった」というような言葉は、発言者が匿名でもハンドルネームでも構わない。これらの言葉は、誰が見ても疑いない客観的事実を説明しただけであり、価値判断が含まれていないからである。だが、例えば「差別なんて気にすることはない」という言葉はどうだろうか。これが、激しい差別と闘った末に成功を手にした米国の黒人ビジネスマンの言葉だったならば、差別や抑圧に苦しむ多くの人を勇気づけ、励ます言葉になるかもしれない。

しかし、これが、米国社会において差別する側の集団であった白人のビジネスマンの言葉だったらどうか。人種差別の深刻さを軽視する発言として、批判が寄せられる可能性が高いだろう。つまり、この言葉は、発信者が「どこの誰か」という実名性が極めて重い意味を持っているのである。

「このコラムの筆者はバカだ」というネット上の書き込みはどうだろうか。一見、匿名でも問題ないように思える書き込みだが、匿名発信者の正体が、筆者に強い嫉妬《しっと》心を抱いている同じ業界の競争相手や、個人的な恨みを抱いている職場の同僚ではない保証がどこにあるだろうか。ハンドルネームで正体を隠したままの発言は、その内容が仮に一〇〇%正しかったとしても、発言行為そのものの「公正さ」を担保できないのである。

わずかでも価値判断を含む言葉は、その言葉の意味を引き受ける個人を離れては存在し得ない。「何を言ったか」だけでなく「誰が言ったのか」が明確にされ、言葉の発信者が、その言葉を発するのに相応《ふさわ》しい生き方をして、初めてその言葉は力を持つ。

私がそう考えるようになったきっかけの一つは、『ネルソン・マンデラ 未来を変える言葉』(明石書店)という本であった。

†ネルソン・マンデラの言葉

ネルソン・マンデラが生を受けた南アフリカでは、一九九一年までアパルトヘイトと称する人種隔離政策が実施されていた。アパルトヘイト体制下では、最大時でも全人口の約一六%を占めるに過ぎなかった白人(欧州から南アに移住した人々と、その子孫）が国土の九割近くの土地を所有し、人口の八割以上を占めるアフリカ人をはじめとする有色人種は国土の一割近くの土地に居住が制限されていた。

鉄道、郵便局、公園、学校、病院、商店、レストラン、ホテルなどの利用は人種別で、アフリカ人が利用を認められた施設や場所は全て劣悪な状態だった。交通事故の負傷者が白人ならばすぐに救急車が来たが、アフリカ人はほとんどが見殺しにされた。アフリカ人は高等教育を受けることが認められず、単純労働や肉体労働以外の職に就くことを禁止された。警察は令状なしでアフリカ人を逮捕し、警察署内では拷問が横行していた。アフリカ人に選挙権はなく、反体制運動は当然ながら禁止されていた。

一九一八年に南アに生まれたマンデラは、アパルトヘイト体制を打倒するために設立されたアフリカ民族会議（ＡＮＣ）の幹部の一人だった。反体制運動を続けた結果、一九六二年八月に逮捕、国家反逆罪で終身刑を宣告され、一九九〇年二月に釈放されるまで約二七年間を獄中で過ごした。釈放後はアパルトヘイト廃止を決断したデクラーク大統領（最後の白人大統領）と民主化へ向けた交渉を続け、一九九四年四月の初の全人種参加選挙を経て大統領に選出され、一九九九年に政界を引退した。

命がけで人種差別と闘い、二七年間獄中にありながら転向しなかった点だけでもマンデラは十分に「偉大」であったが、マンデラが尊敬を集めた理由はそれだけではなかった。アフリカ人として最初の南ア大統領に就任後、マンデラが国民に呼びかけたのは「和解」であった。長年、自分たちを苦しめた白人への報復を許さず、南アは「そこに住むすべての人々のための国」だとして、国民に寛容さを求めた。自らは権力に執着せず、大統領を一期五年間務めると後進にその座を譲り、金銭にも潔癖で、私腹を肥やすことは一切なかった。

マンデラは二〇一三年一二月、多くの人に惜しまれながら九五歳でこの世を去り、その葬儀・追悼式には世界各国の国家元首や王族、元大統領らの要人が参列し、日本からは皇太子（現天皇）が参列した。

『ネルソン・マンデラ 未来を変える言葉』は、そんな偉大な精神の持ち主であったマンデラの生前の演説、インタビューでの発言、家族や友人宛の手紙などからおよそ三〇〇の言葉を選び出し、ヨハネスブルクに本部を置く「ネルソン・マンデラ財団」が膨大な資料を収集して編集、出版した英語版の翻訳版である。

†言葉への責任意識

マンデラの友人だった南アのノーベル平和賞受賞者、デズモンド・ツツ元大主教は『ネルソン・マンデラ 未来を変える言葉』の序文で、「政治屋が発する泡沫《うたかた》の言葉ではなく、聡明で見識ある立派な政治家が口にした、不朽《ふきゅう》の言葉」の集大成であると同書を紹介している。

各ページに記された言葉は二つ、三つ程度であり、それぞれの言葉は短いが、一つひとつは重くて深い。各ページには、たとえば次のような言葉が並ぶ。「人生最大の栄光は一度も転ばないことではなく、転ぶたびに立ち上がることにある」「希望は強力な武器である。世界のどんな権力も、あなたから希望を奪い取ることはできない」

同書に記された数々の言葉は、ネルソン・マンデラが遺したからこそ、人に勇気や感銘を与える。「どこかの誰か」の言葉ではなく、マンデラが自らの言葉の意味をすべて引き受け、その言葉に責任を負う生き方を続けてきたからこそ、説得力を持って人の心に届いている。

個人を離れた力ある言葉は存在しないのではないか。個人から切り離された責任ある言葉もまた、存在しないのではないか。同書を読みながら、そう思い巡らす時、日本語の言語空間の匿名化は、この国の社会の何を象徴しているのかと考える。

第3章

世界政治／経済の舞台として

1 中国はアフリカで本当に嫌われているのか

†巨額の経済支援で影響力

二一世紀初頭のアフリカで起きた最大の「事件」は、アフリカ諸国に対する中国の影響力の劇的な増大である。

二〇〇一〜一五年の一五年間で、サブサハラ・アフリカ（サハラ砂漠以南アフリカ）から中国への輸出（金額ベース）は約一一倍に、サブサハラ・アフリカの中国からの輸入（同）は約一二倍になった。中国は今やサブサハラ・アフリカにとって最大の貿易相手国である。

アフリカ向け投資の動向を見ると、二〇一七年時点の中国の対アフリカ直接投資残高は約四三〇億ドルと推定される。アフリカと歴史的に関係の深いフランスの六四〇億ドルには及ばないものの、日本の約九〇億ドルを遥かに凌《しの》ぐ。

政治的関係に目を転じれば、中国は二〇〇〇年から三年に一度のペースで中国・アフリカ協力フォーラム（ＦＯＣＡＣ）と称する首脳・閣僚級会議を開催し、アフリカ各国との関係構築に努めている。中国は巨額の経済支援をすることで、各国の政権に影響力を行使することを目指しているのだ。エチオピアの首都アディスアベバのアフリカ連合（ＡＵ）本部ビルが中国の援助で建設されたことは、中国の狙いを端的に物語る。

中国がアフリカでの存在感を強めるにつれ、中国を「新植民地主義者」と断じ、アフリカにおける対中感情の悪化を伝える報道が欧州や日本で見られるようになった。その結果なのか、私の周りを見回すと、「中国は資金、労働者、機材など全てをアフリカに持ち込み、地元の人々の雇用機会を奪っているため、アフリカ諸国で嫌われている」という認識が日本社会に根付いた感さえある。

では、本当に中国はアフリカで嫌われているのだろうか。「好き嫌い」のような個人的感情の社会分布を客観的に把握することは困難だが、いくつかの手掛かりはある。

一つは、英国のＢＢＣが二〇一四年六月に結果を公表した世界規模の世論調査「World Service Poll 2014」である。最新情勢を知ることはできないが、アフリカの人々の対中感情の趨勢《すうせい》を把握する手掛かりにはなるだろう。

†ナイジェリアでは八五％が肯定的

ＢＢＣの調査は、世界二四カ国で無作為抽出した各国の一〇〇〇人ほどに対し、米国、日本、中国、英国、フランスなど世界の主要国に対する評価について、「その国は世界に肯定的な影響を与えていると思いますか。否定的な影響を与えていますか」と質問する形で行われた。

この結果が興味深い。アフリカでは、ナイジェリア、ガーナ、ケニアの三カ国で調査が実施された。いずれも、アフリカでビジネスを進めるに当たって重要な国々だが、ナイジェリア人の八五％、ガーナ人の六七％、ケニア人の六五％が、世界に対する中国の影響を「肯定的」と回答したのである。

ちなみに、この前年の二〇一三年の調査でも、ナイジェリア人の七八％、ガーナ人の六八％、ケニア人の五八％が中国を「肯定的」と評価した。

「中国はアフリカで嫌われている」と思い込んでいた日本の読者には、俄《にわ》かには信じられない、というよりも、「信じたくない結果」ではないだろうか。

もう一つ、別の調査結果を見てみたい。世界銀行などが後援している「アフロ・バロメーター」という調査機関が二〇一六年一〇月二四日に発表した、アフリカ人の対中感情に関する初の大規模な世論調査結果である。調査はアフリカ三六カ国で、計五万四〇〇〇人を対象に面接形式で質問する形で実施された。

「あなたの国に最も強い影響を与えている国は？」との質問に対しては、「旧宗主国」との回答が二八％で最多で、次に多かったのが、「中国」の二三％だった。そして、「中国が与えている影響は肯定的か否定的か？」と質問したところ、六三％が「肯定的」と回答した。さらに「中国の経済支援は良い内容か、悪い内容か？」との問いには五六％が「良い内容」と答えたのである。

結局、この調査でもBBC調査と同様に、全体として中国がアフリカで肯定的に評価されている実態が明らかになった。

一体、アフリカの人々は、中国の何を評価しているのだろうか。「中国の印象を良くしている要素は何か？」と質問したところ、「中国のインフラ投資や開発」が最多の三二％を占めた。以下、「中国製品の安さ」二三％、「中国のビジネス投資」一六％と続いた。

興味深いのは「中国の印象を悪くしている要素は何か？」への回答だった。「中国製品の低品質」が三五％で群を抜き、以下は「雇用を奪う」一四％、「資源の収奪」一〇％、「土地の収奪」七％、「中国人の態度」六％という結果だった。

日本では「中国は地元の雇用や資源を奪うので、アフリカで嫌われている」との説が定着している感があるが、アフリカの人々が最も評価していないのは、雇用や資源の問題ではなく、「安いが壊れやすい中国製品」だったのである。これは、アフリカの様々な国々の人から私が聞かされてきた中国評とも合致する結果だ。

†願望としての「嫌われる中国」

欧州のメディアがアフリカにおける中国の新植民地主義を強調してきた背景には、自らのアフリカに対する影響力を新興勢力の中国に脅かされることへの危機感があったのではないだろうか。

では、「中国はアフリカで嫌われている」との通説が日本で拡大した背景は何だろうか。私は、こうした通説は「中国はアフリカで嫌われていて欲しい」という日本人の願望の反映ではないかと考えている。

二〇一四年のBBC調査に戻ろう。この調査では、世界における中国の役割に「肯定的」との評価を与えた日本人は、調査対象となった二三カ国中最低の三%だった。現代日本人の多くは中国を「脅威」として認識しており、嫌中感情の高まりは周知の通りである。

BBCによる調査から五年、アフロ・バロメーターの調査から三年が経過し、アフリカ諸国の人々の対中感情に変化が生じている可能性も否定できない。しかし、二つの世論調査結果は、日本に定着した「アフリカで嫌われている中国」との通説を鵜呑みにせず、少しは疑ってかかることの重要性を教えてくれる。

近年の日本には自国礼賛に夢中な人が社会に一定数おり、日本は素晴らしい国だと主張する本が売れ、同時に嫌韓・嫌中の本が売れている。私も日本は素晴らしい国だと思うが、自分の見たいものだけを見て、自分が信じたいことだけを信じていたのでは、進歩の機会を失ってしまう。個人も国家も自らの弱点に目を向け、他者や他国の長所を学ぶことで発展するのではないだろうか。

2 中国がアフリカに軍事拠点を建設する理由

†ジブチを狙う中国

インド洋の最も西の海域に面するアフリカ大陸東端「アフリカの角」に、ジブチという小国がある。面積は約二万三〇〇〇平方キロメートル。日本の四国の約一・三倍の広さで、産業にも資源にも恵まれない人口約九〇万人の小国だが、紅海とアデン湾の双方を臨む地政学上の要衝に位置し、国際社会から安全保障上、極めて重要な国だと見做《みな》されている。

旧宗主国フランスは一九七七年のジブチの独立後も仏軍基地を置いている。二〇〇二年からは米軍がサブサハラ・アフリカで唯一の基地をジブチに置き、およそ四五〇〇人を駐留させてイエメンやソマリアでの対テロ作戦の拠点としている。日本の自衛隊やドイツ軍もソマリア海賊の対策のために拠点を置いている。

中国は二〇〇八年から、海賊対策のためアデン湾に海軍艦を派遣し、二〇一四年二月にはジブチ政府との間で、中国軍艦が補給のために寄港できるよう協定を締結した。

その中国がジブチ領内に海軍・空軍の基地を建設しているとの情報が公になったのは二〇一五年五月、ジブチのゲレ大統領がＡＦＰ通信とのインタビューで明らかにしたのが最初だった。いずれも完成すれば、中国にとっては初めての恒久的な海外軍事基地であり、中国人民解放軍のインド洋進出を後方支援する役割を担うことになるものとして、世界の安全保障専門家の注目を集めることになった。

その後、中国政府は二〇一六年二月に基地の建設開始を公表したが、海軍・空軍基地ともに詳細が明らかにされなかったため、様々な憶測を呼ぶことになった。中国・アフリカ関係の研究で著名な米ジョンズ・ホプキンズ大学のデボラ・ブローティガム教授のように「補給のための小規模な基地になる」との見解を示した専門家がいた一方で、米軍の駐留規模四五〇〇人を上回る総計一万人の中国兵が将来的にジブチに駐留する可能性を指摘した報道もあった。二〇一九年時点で基地は既に完成し、建設費は約五億九〇〇〇万ドル、約四〇〇人が駐留しているとの報道もあるが、内部の様子は知る由もない。

中国の基地の完成により、ジブチの狭い国土には現在、米中両軍の基地が併存している。米国内では二〇一五年に基地建設計画が明らかになった際に軍事機密を中国に窃取《せっしゅ》されることへの懸念が強まり、米国議会はカーター米国防長官（当時）に書簡を送り、中国の基地建設を許可することについて再考するようジブチ政府に求めるべきだと働きかけた。私の知る限りでは、日本政府も中国の基地建設に強い懸念を抱き、米仏両政府と協力して水面下でジブチ政府に再考を促してきた。

ジブチ政府が各国の基地建設を認める背景には、基地保有国からジブチ政府に支払われる巨額の「基地租借料《そしやく》」があると指摘されており、ジブチ政府は米国から、年間約七〇〇〇万ドルの租借料金を受け取っていると言われている。

中国がジブチ政府に支払う予定の租借料について私は情報を持っていないが、中国の場合は租借料とは別に、過去数年間で推定九〇億ドルをジブチに投資したといわれる。ジブチからアフリカ大陸内部のエチオピアに向けて延びる鉄道や、約三五億ドルを投じて建設されたアフリカ最大の「ジブチ国際自由貿易区」は中国の資金によって実現した。自由貿易区は二〇一八年夏に一部が完成して既に機能し始めており、羽田空港の約四倍にあたる総面積四八平方キロメートルというスケールの大きさだ。

一方に桁違いの中国マネーを欲するジブチ。他方に、インド洋の西の端に軍事拠点を確保したい中国。中国の新基地建設は、そんな両者の利害が一致した結果と言えるだろう。

習近平政権が中国から欧州、アフリカまでを陸海路で結び、かつてのシルクロードに沿って新たな経済圏を創出する「一帯一路」構想を打ち出しているのは周知の通りだが、ジブチの中国軍基地は、この構想を軍事面から支える拠点として機能していくに違いない。

†日本にとって死活的な「インド洋の自由」

東京から直線距離で約一万キロ離れたジブチにおける中国の基地建設は、われわれ日本人にとって、どのような意味を持つだろうか。

経済産業省の統計によると、二〇一七年の日本の原油輸入量は約一五億六〇〇〇万バレルで、全体の約九〇%を中東から輸入している。中東は日本経済の生命線である。

中東から安定的に原油を確保するには、中東の政情が安定しているだけでなく、タンカーが日本まで安全かつ迅速に航行できる環境が必要である。何よりも、タンカーが長時間にわたって航行するインド洋が、誰にとっても「開かれた海」であることが重要である。

二一世紀に入って世界の経済成長の中心が欧米からアジアに移行したことに伴い、インド洋の安全は世界経済の帰趨を決める重要な問題になってきた。今や世界のコンテナ輸送の半分、世界の石油関連製品の七割がインド洋を通過しているという。

第二次大戦後の世界の海洋秩序を維持してきた主役は米国である。米国もまた、力にモノを言わせて自国の国益をゴリ押ししてきた国の一つではあるが、米国には一つの救いがあった。それは、米国は自国の圧倒的な海軍力を国際公共財として使用し、リベラルな国際秩序と開放経済体制を支え、インド洋を含む全世界の海域で「航行の自由」を維持してきたことである。エネルギー資源のほぼ全てを輸入してきた日本が長年、米国が担保してきた「航行の自由」によって獲得してきた利益は計り知れない。

しかし今、米国の国力の相対的低下は明らかであり、これと対照的に、中国は着々と海軍力を増強し、海洋進出を強化している。既に過去一〇年ほどの間に、インド洋沿岸国や島嶼国《とうしょこく》では、経済援助を通じた中国の影響力の増大がみられ、従来の海洋秩序に変化の兆しがみられる。中国軍が初の海外基地として構えたジブチの基地は、中国のインド洋における軍事プレゼンス増大に向けた大きな一歩になると見做すのが自然だろう。

こうした見方に対し、中国の国営紙「環球時報」は「中国が軍事力を伸ばす基本的な目的は、『中国の安全』を守るためであり、世界支配を意図するものではない」(二〇一七年七月一二日付社説)と述べ、米国、日本、フランスもジブチに基地を設けていると指摘した。

だが、オランダ・ハーグの常設仲裁裁判所が二〇一六年七月、南シナ海のほぼ全域にわたる中国の領有権の主張に法的根拠がないとの判断を示したにもかかわらず、中国政府が判決を公然と無視していることは周知の通りである。

こうした行動様式を見る限り、中国が米国のようにリベラルな価値観に基づいて「誰にでも開かれた海」を維持するために尽力することは想像し難い。そういう国が軍事プレゼンスを強めることは、日本のエネルギー安全保障の問題を考える上で、極めて重要な、懸念すべき問題というほかないだろう。

3　北朝鮮は本当に孤立しているのか

†ミサイル開発はなぜ進んだのか

一〇年以上も前の話で恐縮だが、毎日新聞の南アフリカ・ヨハネスブルク特派員だった私は二〇〇七年、北朝鮮の技術支援を得ている兵器工場がエチオピアに存在しているとの情報をある人物から入手し、エチオピアに取材に出かけた。

この工場の存在は、国連安保理によっても確認されている。工場は首都アディスアベバの西約一三五キロの農村地帯に存在しており、名前を「Homicho Ammunition Engineering Industry（HAEI）」という。一九八七年に設立され、北朝鮮技術者の指導の下、北朝鮮製をモデルとした弾薬、砲弾などが製造されている。

厳重に警備された工場そのものにアクセスできるはずもなかったが、様々な関係者への取材から、北朝鮮がエチオピアに弾薬や砲弾の製造技術を提供する見返りに外貨を獲得している実態が浮かび上がった。

北朝鮮の核・ミサイル開発の進展ぶりを見ていると、我々の「常識」が必ずしも世界の「常識」ではないことを改めて痛感させられる。

日本のマスメディアの報道に接していると、北朝鮮は国際的に孤立しているかのような印象を持つ。北朝鮮のような「世界の孤児」が核・ミサイル開発に必要な技術や資金を入手できるはずはない、と思いがちである。

だが、北朝鮮は、我々が思っているほどには孤立しておらず、世界の様々な国から技術や資金を獲得してきた。そうでなければ、膨大な資金を要する核兵器とミサイル開発が、ここまで進んだはずがない。

†意図的な「制裁破り」の可能性も

北朝鮮の核実験やミサイル発射を受けて二〇一三年に成立した国連安保理の対北朝鮮制裁決議二〇九四号は、国連加盟国（全一九三カ国）が北朝鮮との武器及び関連物資を貿易することをほぼ全面的に禁止している。

だが、現実には、北朝鮮が核・ミサイルを開発しても、日本のように直接的な安全保障上の脅威にさらされる国は多くない。とりわけ東アジアから遠いアフリカ諸国に日本の懸念が共有され、彼らが積極的に国連の制裁に協力してきたかというと、そうではなかった。

安保理の制裁委員会は、すべて加盟国に対し、国内での対北朝鮮制裁実施状況についての報告を義務付けている。だが、北朝鮮が長距離弾道ミサイル（ＩＣＢＭ）を相次いで発射し、東アジア情勢が極度の緊張状態にあった二〇一七年の四月時点で、国連加盟国一九三カ国のうち安保理に制裁実施状況を報告した国は一〇六カ国にとどまり、このうちアフリカ五四カ国の中で報告書を提出した国は一二カ国に過ぎなかった。

アフリカ諸国が制裁状況について報告しないのは、各国政府の行政執行能力の低さに起因する場合もあるが、それだけではない。国連安保理が制裁を科すようになる以前から北朝鮮との間で軍事協力関係を結んでいたために、意図的に「制裁破り」しているとみられるケースもあるのだ。

例えば、二〇〇九年一一月には、南アフリカに寄港したコンゴ共和国に向かう北朝鮮船舶から戦車部品が見つかった。コンゴの首都ブラザビルには二〇一二年三月に爆発事故を起こして閉鎖されるまで、北朝鮮が建設した武器工場があった。

ウガンダ政府は二〇〇七年、北朝鮮との間で警察官の訓練に関する契約を締結した。関係者によると、ウガンダの警察官四万三〇〇〇人のうち、二〇一三年までに一万六七〇〇人が北朝鮮人民保安省の訓練を受けた。北朝鮮から約一〇〇人の講師が派遣され、ウガンダ政府は講師一人に一カ月五〇〇ドルを支払ったという。

これらの事例は氷山の一角とみられ、安保理や主要国の情報機関には、アフリカにおける北朝鮮製の武器や専門家の目撃例が数多く寄せられている。兵器輸出や専門家派遣は、北朝鮮にとっては外貨獲得ビジネスであり、アフリカ側にとっては軍事力強化へ向けた最も安価な手段なのである。

†日本語の情報だけでは「世界」は分からない

アフリカの国々は「制裁破り」に加担してきただけではない。例えば、二〇一四年一二月一八日に国連で採択された、日本政府とEUが共同提案した北朝鮮の人権侵害を非難する決議を見てみよう。この決議は賛成一一六、反対二〇、棄権五三、欠席四で採択されたが、加盟各国の投票行動を分析すると、興味深いことが分かる。反対二〇カ国のうちの三カ国、棄権五三カ国のうちの二四カ国、欠席四カ国のうち二カ国がアフリカの国だった。つまり、アフリカ五四カ国の半分以上の二九カ国が、北朝鮮を非難することに消極的だった。

アフリカの国々の中には、ボツワナのように二〇一四年二月に北朝鮮と国交断絶した国もある。かつて北朝鮮との間で警察官の訓練に関する契約をしたウガンダも、二〇一六年五月になって北朝鮮との協力関係を停止すると発表している。日本や米国の働きかけにより、アフリカの国々の北朝鮮との関係も徐々に変わりつつある。

だが、アフリカ諸国に限らず、北朝鮮との友好関係を維持してきた国は、中国以外にも世界に数多くあった。二〇一七年二月に北朝鮮の金正恩朝鮮労働党委員長の異母兄、金正男氏がマレーシアで殺害された際、北朝鮮とマレーシアの国民が互いにビザなしで渡航できたという事実を初めて知り、われわれ日本人が考えているほど北朝鮮が国際的に孤立してはいない現実を思い知らされた読者もいるのではないだろうか。

インターネットが発達した現在、日本にいながら世界各国の新聞を外国語で読み、外国語で書かれた論文やレポートに日常的に目を通している日本人は一定数存在する。

だが、多くの人は日本語の新聞を読み、日本のテレビ局が放送している日本語のニュースを視聴し、インターネットの世界にあふれる日本語で書かれた情報に目を通し、そこで終わる。我々の現代国際情勢に関する認識は、実は日本語媒体への依存という限られた条件下で形成されたものに過ぎない、という自覚が大切だろう。

4 アフリカに阻まれた日本政府の「夢」

†国連安保理改革

一九八〇年の独立から三七年間、権力の座にあった南部アフリカ・ジンバブエのロバート・ムガベ大統領が二〇一七年一一月二一日、クーデターを受けて大統領を辞任し、三日後の二四日にエマーソン・ムナンガグワ氏が新大統領に就任した。

ムガベ氏について私が印象深く思い出すのは、今から一四年前にムガベ氏が取った国連安全保障理事会（安保理）改革に際しての行動である。

周知の通り、国連では一五カ国で構成する安保理が強い権限を持ち、米英仏中露の五カ国が常任理事国として国際的な安全保障に大きな責任を持っている。五カ国のうち一国でも拒否権を行使すれば、安保理決議は採択されない。一方、非常任理事国一〇カ国は二年に一度選出され、拒否権を持っていない。拒否権は戦勝五カ国だけが持つ特権の中の特権である。

しかし、五カ国が特権的地位を占めていることへの反発が国際社会で強まり、二〇〇四〜〇五年にかけて、安保理の仕組みを抜本的に改革しようとの機運が国際社会に広がった。小泉純一郎首相（当時）は二〇〇四年九月の国連総会演説で安保理改革の必要性を世界に向けて訴え、二〇〇五年一月の通常国会の施政方針演説では日本の常任理事国入りへ向けた意欲を語った。

日本、ドイツ、ブラジル、インドの四カ国は当時、常任理事国入りを目指して「G４」と呼ばれるグループを結成し、常任理事国に新たに六カ国を加えて全部で一一カ国とする案を打ち出した。新設の常任理事国六カ国には、アジアから日本とインド、欧州からドイツ、中南米からブラジルを選出し、残り二カ国をアフリカ枠とする案だった。

†アフリカ連合に白羽の矢

安保理を改革するためには、まずは国連総会に改革決議案を提出し、全加盟国（二〇〇五年当時は一九一カ国）の三分の二に当たる一二八カ国以上の賛成を得る必要がある。日本を含むG４としては、まずは国連でG４案への支持を広げなければならない。

そこでG４が白羽の矢を立てたのが、アフリカの国々で構成するアフリカ連合（AU）だった。二〇〇五年当時の国連加盟国一九一カ国のうち、アフリカの国々は五三カ国を占めていた。この「大票田」を味方に付ければG4案は実現に向けて大きく前進するし、敵に回せば改革案が日の目を見る可能性はゼロだった。

AUは二〇〇五年七月のAU総会で、G4とは別に独自の安保理改革案を決定していた。詳細は割愛するが、G4案とAU案は「常任理事国を新たに六カ国増やすべき。新たに増える六カ国のうち二カ国はアフリカの国に与えるべき」と言う点が共通していた。

一方、常任理事国の拒否権について、G4案とAU案は大きく違った。G4案は「新常任理事国の拒否権は一五年間凍結する」という案だった。米英仏中露の五大国は拒否権という既得権益の独占では一致しており、新参者のG4が拒否権を要求するのであれば、安保理改革を葬り去る構えだった。そこでG4は拒否権を一五年間「凍結」し、常任理事国五カ国を刺激しないよう配慮したのである。

これに対し、AU案は「新しい常任理事国には、既に常任理事国である五カ国と同様の拒否権を与えるべき」としていた。拒否権獲得に固執すれば五カ国の反発による安保理改革の頓挫《とんざ》は避けられなかったが、AU案は常任理事国間の「平等」の原則にこだわっていた。

G4の旗振り役である日本政府は、当時AUの議長だったナイジェリアのオバサンジョ大統領（当時）を説得し、AU案の修正を依頼した。日本の狙いは、AU内で大きな力を持つオバサンジョ氏の主導で拒否権に関するAUの方針をG4案と同じ「一五年間凍結」に変更してもらい、AU全加盟国の了承を取り付けてもらうことだった。そのうえで、G4案とAU案を「一本化」し、国連総会に諮《はか》ろうと考えたのである。

オバサンジョ氏は日本の説得に応じ、両案の「一本化」に同意した。だが、いくらAU議長とはいえ、一本化には他のアフリカの国々の首脳の同意が必要だった。そこで、二〇〇五年八月四日、エチオピアの首都アディスアベバのAU本部でAU首脳会議が開かれることになった。議題はG4案とAU案の「一本化」であった。

†血の気失ったオバサンジョ議長

毎日新聞ヨハネスブルク特派員だった私はエチオピアへ出張し、AU本部の会議場前の廊下に陣取った。昼過ぎから始まった首脳会議は非公開だったが、議場外の廊下には内部の様子を映したモニターがあり、議論は筒抜けだった。「今日の会議の目的はG4との合意の確認だ」。オバサンジョ議長はG4案とAU案の一本化を前提に会議を開始した。

各国の大統領や外相たちが、両案の一本化に関する自らの考えを順番に述べ始めた。一本化に賛成の声もあれば、もう少し議論した方が良いという意見もあった。

ところが、ジンバブエのムガベ大統領が発言を始めたところで、突然、それまで聞こえていた議場内の音声が途切れた。私はその後の数秒間、ムガベ氏が机を叩きながら何かを言っている姿を見たのを覚えている。だが、ほどなくモニターのスイッチも切られ、映像も見えなくなった。私を含む新聞記者や、議場内部に入る権限のない日本をはじめとするG4諸国の外交官たちは、首脳たちの議論が終わるのを廊下で待つだけになった。

エチオピア時間の四日午後六時半ごろ（日本時間五日午前〇時半ごろ）、議場のドアが突然開き、首脳らが続々と出てきた。私は他の記者とともにAUの報道官を取り囲んで結論を尋ねたが、報道官は「話すことは何もない」と言って口を閉ざし、会場を後にした。

やがてオバサンジョ議長が現れたが、顔は血の気を失い、側近たちに両脇を抱えられてようやく玄関のリムジンに辿り着き、一言も発しないまま会場を去ってしまった。記者生活で、あれほど憔悴した国家元首の姿を間近で見たのは、後にも先にもこの時しかない。

AU臨時首脳会議が出した結論は、日本を含むG4が求めた「一本化」の否決だった。アフリカの大物国家元首として「一本化」を主導したオバサンジョ氏の権威は失墜し、常任理事国入りを目指す日本の安保理改革は完全に挫折した。

その後の取材で、非公開だった首脳会議の様子が判明した。複数の外交関係者によると、会議では、日本政府が事前に根回ししていたジブチなどが「一本化」に賛成する意見を表明したが、会議を方向付ける決定的な演説をぶったのは、ムガベ氏だった。

ムガベ氏は「G4と妥協すべきではない」「アフリカから選ばれた新しい常任理事国は、米英仏中露と同じ拒否権を持つべきである」と机を叩きながら大声でまくし立て、G4と妥協したオバサンジョ議長を面罵したという。

「AU加盟国の大半を占める中小国は、自国が常任理事国になれるわけではないので、どんな結論に落ち着いても構わないと態度を保留していたが、ムガベ大統領の剣幕の凄まじさにたじろいで、会議の流れは一気に反オバサンジョに傾いてしまった」。ある日本政府関係者は、私の取材にそう話した。

†日本の国益を左右したムガベ大統領

そして何より驚かされたのは、このAU臨時首脳会議の裏側で、中国がジンバブエをはじめとする複数のアフリカの国々に対し、日本の常任理事国入りを阻止するよう働きかけていたことだった。その後の取材で、中国の外交団がアディスアベバ市内のホテルで、G4案とAU案の「一本化」が阻止されたことを祝う会まで開いたことが分かった。

この臨時首脳会議が開かれた二〇〇五年八月時点で、ジンバブエは既に旧宗主国の英国と激しく対立し、米国のブッシュ政権はジンバブエを「圧政の拠点」と呼び、ムガベ氏は欧米諸国を敵に回して国際的孤立を深めていた。

だが、ジンバブエは、ただ孤立していたのではなかった。エチオピアでのＡＵ臨時首脳会議の九日前の二〇〇五年七月二六日、ムガベ氏は中国を訪問し、胡錦濤《こきんとう》国家主席（当時）との間で経済協力文書に署名していた。中国にしてみれば、欧米諸国が手を引いた間隙を縫ってアフリカに「拠点」を確保し、ジンバブエにとっては欧米に頼らない形で国際社会への「窓口」を確保したのである。欧米との対決で国際的孤立を深めていたジンバブエからみれば、中国から援助を引き出す見返りに、安保理改革を巡る議論で中国の意向を代弁することくらいはお安い御用だったに違いない。

後に、あるＡＵの関係者は私に、机を叩いてまくし立てたムガベ氏の発言を「中国の意向を代弁した計算づくの演技だった」と語った。この時の「ムガベ演説」は、日本の国益がアフリカ諸国の意向に左右されることもあることを示していた。

それから一〇年以上が経過した二〇一六年三月、ムガベ氏はジンバブエ大統領として日本を訪れ、安倍晋三首相と会談し、皇居で天皇（現上皇）と会見した。

欧米諸国から「世界最悪の独裁者」などと呼ばれていたムガベ氏をこのような形で日本に招待したのは、他でもない。ムガベ氏とも一定の良好な関係を構築しておくことが、日本の国益にかなうと、安倍政権が判断したからに違いない。この訪日の直前の二〇一六年一月までの一年間、ムガベ氏はＡＵ議長を務めており、安保理改革に関するアフリカ全体の世論に一定の影響を及ぼし得る立場にあった。日本は遅ればせながらも、中国の強い影響下にあるジンバブエをただ放置しているのは得策ではなく、日本との関係強化もジンバブエの利益になることを先方に示そうとしたのである。

経済規模で比較すれば、二〇一八年のジンバブエのGDP（IMF統計）は二六一億ドル。日本のGDP四兆九七二〇億ドル（同）のおよそ一九〇分の一に過ぎない。だが、国際社会では、それぞれの国が国益をかけて外交を展開している。帝国主義の時代と違って現代では、平等互恵と相互利益を原則に据え、ジンバブエはジンバブエの国益をかけて日本と付き合い、日本は日本の国益をかけてジンバブエと付き合っている。そして時には、このアフリカの小国の動向が日本の国益を左右するのである。

5　アフリカの現実が迫る「発想の転換」

†公約に届かない投資額

二〇一九年八月二八～三〇日に横浜で、第七回アフリカ開発会議＝ＴＩＣＡＤⅦ（日本政府、アフリカ連合委員会、世界銀行など共催）が開催される。日本の首相とアフリカ諸国の首脳が一堂に会する巨大な首脳会議の主題の一つは、日本企業のアフリカ進出をどのように加速するかである。二〇一六年八月にケニアのナイロビで開催された前回のＴＩＣＡＤⅥで、安倍晋三首相は「二〇一六～一八年の三年間で官民合わせて三〇〇億ドル規模の対アフリカ投資」を約束した。ところが、日本政府によると、二〇一八年九月時点で、公約の半分強の約一六〇億ドルの投資しか実現していないという。日本企業は中国のような国営企業ではないので、政府は企業に投資を強要できないが、このままＴＩＣＡＤⅦを迎えれば、日本が国際公約を守らなかったとの印象を与えることになりかねない。

一〇年前と比べれば、日本の大手企業の経営者たちのアフリカに対する関心は大きく高まり、日本貿易振興機構（ＪＥＴＲＯ）などが提供するアフリカでのビジネスに関する情報は、質と量の両面で飛躍的に充実した。二〇代～三〇代前半くらいの若い日本人の中には、アフリカへ渡って起業する人も現れている。

しかしながら、世界第三位のＧＤＰを誇る日本の経済規模を考えると、日本の対アフリカ投資はまだ少ないと言える。欧米諸国や中国の対アフリカ投資との対比でいえば、日本の対アフリカ投資額は英米仏中の五分の一にも達しない。二〇一八年三月まで総合商社のシンクタンクで働いていた私の限られた経験を振り返っても、アフリカへの投資を尻込みするメンタリティーが日本の企業エリートの中に根強く残っていることは間違いない。

†「アフリカで何のビジネスが……」

「さっきから話を聞いていると、アフリカでのビジネスが魅力的だと仰っているようですが、金融機関もインフラもないところで、何のビジネスができるというんですか？」

四年ほど前、あるビジネスマン向けの講演会で、アフリカにおける日本企業のビジネスの可能性について話したところ、私より少し年上と思《おぼ》しき五〇代前半くらいのベテラン商社マンから、そんな質問（批判？）をいただいたことがある。

一九七〇年生まれの私と同世代の企業人は、大手企業では課長、早い人だと部長に就いている。もう少し上の五〇代半ば以降だと役員だ。

他者批判ではなく自戒を込めて言うと、今の日本企業で中間管理職（課長、部長など）〜役員を務めている我々及び少し上の世代は、子供時代には高度成長の恩恵を受け、若いころはバブルの渦中《かちゅう》にあった。それ故に、物質的にも制度的にも全てが用意された状態で力を発揮する経験はそれなりに積んでいるが、敗戦後の日本を焦土から復興させた世代のような「何もない状態から何かを自分で生み出した経験」には乏しい。

我々の世代は「金融機関もインフラもない」アフリカで一からビジネスを立ち上げる際に必要な意志や能力が高いとは言えないのではないか。アフリカ投資における日本企業の「腰の重さ」には、そうした要素も関係しているのではないだろうか。

私がそんなことを考えるようになったのは、アフリカにおける携帯電話を使ったモバイルマネーサービスの近年の爆発的な普及を見た時であった。

携帯電話を用いたモバイルマネーサービスを利用したい人は、まず、携帯電話を持って代理店へ行く。サービスが最も普及しているケニアの場合、代理店は大都市のショッピングセンターから農村の雑貨屋まで、全国の至る所に存在する。

代理店で簡単な手続きを行うと、携帯電話の中に口座が開設され、専用のアプリをダウンロードする。所要時間は二〜三分。一度口座を開設すれば、好きな時に好きなだけの金額を代理店に現金で払うと口座にチャージされ、これを様々な支払いに充てることができる。他人に送金する際は携帯電話のアプリを開き、相手の電話番号、送金金額、自分の口座の暗証番号を入力すれば手続き完了。早ければ一〇秒程度で終わってしまうこともある。

ケニアでは、このモバイルマネーサービスを巧みに利用した新規ビジネスが続々と誕生している。少額の資金を貸し出すモバイルローン。家庭用太陽光発電システムの販売。モバイルマネーを用いた医療用資金の積み立て。教科書販売やSMSを使った通信教育。様々な物品を配達するオン・デマンド・デリバリー。農産物の産地直送販売。燃料用ガスボンベの配達。農家向けの農作物の保険――など枚挙にいとまがない。

ケニア中央銀行の統計によると、同国の携帯電話普及率は全人口の約九二%(二〇一七年)。モバイルマネーサービスの利用者は全人口の約六四%(同)で、サービスの代理店数は全土に一九万八二三四軒に達する。モバイルマネーサービスの取引額はケニアの国内総生産のおよそ半分に達するとの推計もある。

†「ないものはつくる」の発想

携帯電話もインターネットも普及していなかった二八年前、私が初めてアフリカのニジェールを訪れた時、出発前に日本からニジェールに連絡を取るには、テレックスを使うしかなかった。今の若い人にはテレックスと言っても何のことか分からないと思うが、電話と同じように相手の番号に架電し、パソコンのキーボードのようなタイプライターを叩いて文字を入力すると、通信回線を通じて相手に文字が伝送され、受信者側の機械から印字された紙がプリントアウトされる通信システムのことをいう。

そのテレックスも首都ニアメの官庁や一部の企業事務所にあるだけで、首都を一歩出ると、首都との連絡手段は車に搭載した無線機しかなかった。親しく付き合ったニジェール人通訳が冗談交じりに「我が国の全土に電話が普及するにはあと二〇〇年かかる」と言っていたが、私もそう思った。「こんなところでビジネスなんかできるわけがない」という拭い難い実感があった。

また、アフリカの金融に関する長年の定説は「ごく一部の富裕層しか銀行口座を有していない。アフリカでは、人々はローンを組めないし、手元にあるキャッシュでしか支払いができない。そんなところでは消費者向けのビジネスは成立しない」であった。私もまた、そうした定説を「常識」として受け止めていた。

だが、通信手段も金融も、現状は先に見た通りである。私が電話の普及を「公共事業による固定電話の普及」という固定観念に縛られてイメージしている間に、二一世紀の訪れとともに多数の民間企業が携帯の基地局や中継アンテナをアフリカ全土に建設し、積年の劣悪な通信事情は瞬く間に解決してしまった。今やジャングルや砂漠の真ん中でも、携帯電話を持っていないアフリカ人を探す方が難しい時代である。

金融制度の問題も然り。私が「銀行」や「信用金庫」のイメージに縛られている間に、大陸中に普及した携帯電話網を基盤にした金融システムが構築され、今はそれを活用した新しいビジネスがしのぎを削っている。

二一世紀に入ってからのアフリカにおけるモバイルマネーサービスの発展は、「金融機関もインフラもないようなところではビジネスはできない」のではなく、「金融システムやインフラを一からつくること自体がビジネスチャンスなのだ」という事実を示している。

少子高齢化による国内市場の縮小が避けられない日本は今後、企業が国外で稼ぎ、収益を本国へ還流させていくしかない。日本経済総体がそういう方向に転換していかないと、少子高齢化によってますます深刻化する人口オーナスを克服できないだろう。

二〇五〇年には人類の四人に一人がアフリカ人になる。その時、日本企業がアフリカでふさわしいプレゼンスを確保しておくことは、アフリカのためではなく日本のサバイバルのためにこそ重要だ。日本企業の中枢で働く私の世代はいま、アフリカの現実を前に発想の根本的な転換を迫られているに違いない。

【コラム】英語礼賛は何をもたらすか

†「公用語化」への違和感

二〇二〇年度から実施される新しい学習指導要領で、小学校での英語の授業が拡充される。現在は五年生から始まっている英語に親しむための「外国語活動」は、三年生からの実施に前倒しされる。五年生からは教科書を使用する正式な「教科」として英語学習が始まり、授業時間は現行の三五コマから七〇コマに倍増する。各校の判断で一八年度からの先行実施も認められており、既に英語の授業時間が増えた小学校もあるだろう。

私は立命館大学国際関係学部で、日本語と英語の両方で講義している。私の下手な英語を聞かされる学生には伏して詫びるしかないが、そんな私でも英語で講義しなければならないのは、既にアカデミズムの世界には、英語を中心に情報収集・発信せざるを得ない現実があるからだ。ビジネスの世界でも、社内公用語に英語を導入している日本企業が複数存在することは周知の通りである。

小学生が年間七〇コマの英語の授業を受けたところで、英会話に不自由しない日本人が将来、大勢誕生することはないだろう。だが、英語が事実上の「国際語」として使われている現状に鑑みれば、人生の早い時期から英語に触れること自体は悪くないと考える。

しかし、私は、子供が英語に触れる時間を増やすことには賛成でも、英語ができることを過度に重視する社会には、違和感を覚えている。ましてや将来、英語を日本の第二公用語に制定するような動きが台頭してくるとしたら、それには反対する。日本では二〇〇〇年に、有識者でつくる小渕恵三首相（当時）の私的諮問機関「21世紀日本の構想」懇談会が、英語を「第二公用語にはしないまでも第二の実用語の地位を与えて、日常的に併用すべき」との報告書を首相に提出したことがあった。

大学が英語の講義を増やすことや、企業が英語の社内公用語化を導入するのは、各組織の自由である。そういう大学や企業が嫌な人は近づかなければよいだけの話だ。

だが、国家の政策として英語を公用語化してしまえば、全ての日本国民は何らかの形で英語と接点を持たざるを得なくなる。それは恐ろしい社会だと思う。英仏を中心とする欧州列強に植民地支配された経験を持つアフリカ諸国と長くお付き合いする中で、私はそう考えるようになった。

†分断される国民

私はアフリカ諸国の人々とメールや電話で意思疎通する際に、長年にわたって英語を用いてきた。アフリカに出張する際にも、面談相手が政治家、政府職員、ビジネスマン、ジャーナリスト、NGO職員などの場合は英語で意思疎通してきた。とりわけ旧英国植民地だった南部アフリカと東部アフリカの国々の多くは、英語が公用語である。私が会う人々は、家庭では現地諸語を話しながらも、小学校から大学まで英語で教育を受けてきたので、私よりも遥かに高い英語能力を持ち、職場では全ての業務を英語で遂行している。一般にわれわれ日本人が接点を持つアフリカの人々は、こうした階層の人々であり、日本のメディアで何らかの形で話題になるのも、こうした人々である。彼らとの意思疎通では、こちらが全力で英語を使えばよい。

しかし、首都を離れて地方に取材・調査に出かける時や、首都であっても低所得者が集まる地域などに出かける時には、多くの場合、英語と現地諸語の両方を解する通訳に同行してもらわざるを得ない。英語を公用語としている国であっても、その国の市井の人々の世界に一歩足を踏み入れれば、「英語を十分には理解できない人々」が「英語の堪能な人々」よりも圧倒的に多いのが現実だからである。

アフリカのおよそ半分を占めるフランス語圏諸国でも、事情はあまり変わらない。その国の公用語がフランス語であっても、いわゆる庶民の中には、フランス語をほとんど理解しないか、あるいは農村部の高齢者などの場合には全く理解しない人が少なくない。いわんや英語など、「Thank you」でさえ通じないことも珍しくない。

英語がアフリカのほぼ半分の国の公用語になったのは、英国による植民地支配の結果である。これらの国々は、英国が植民地期に勝手に定めた国境線を引き継ぐ形で独立せざるを得なかったので、一九五〇年代後半～六〇年代に相次いだ独立に際して国内のどこでも通用する現地諸語が存在せず、仕方なく旧宗主国の言葉である英語を公用語に採用した。

以来、行政文書、議会審議、官報、学校教育、裁判などはすべて英語で行われ、企業やメディア（国営テレビ、新聞）も英語が中心になり、人々は家庭での会話で用いる現地諸語と英語の二重（場合によっては三重・四重）の言語環境に置かれることになった。

人々が家庭や地域の中で使い続けている日常言語とは一切関係のない英語によって社会が運営されるとは、どういうことか。もし今、日本で、税金、不動産、雇用、保険、年金から母子手帳に至るまで、役所や企業から送られてくる全ての大事な書類が英語になったらどうなるかを想像してみたらよいだろう。

小学生であれば、学校の授業は全て英語で行われ、休み時間には友達と現地語で話し、教師からは英語で叱られ、帰宅すれば現地語で家族と話す。父や母が現地語で掛け算を教えてくれても、教室では英語で掛け算を教わるのである。端的に言って、独立後のアフリカ諸国の人々は、ずっとそういう環境下で暮らしている。

明治維新後の初代文部大臣となった森有礼《ありのり》（一八四七〜八九）は、日本の国語を英語に切り替えるべきだと提案したことがある。日本が西洋列強に伍するためには、国際的コミュニケーションに適した英語を使うべきというのがその主な理由であったが、評論家の加藤周一によれば、二人の識者が当時、森の主張に反対意見を述べた。

一人は米イェール大学の言語学者W・D・ホイットニー、もう一人は明治初期の言論人だった馬場辰猪《たつい》。二人は、英語を日本の国語にすれば、英語を話す少数の日本人と、英語を話さない大多数の日本人の間に、必ずや深く越え難い溝が生じるだろうと警告し、そうした社会の例として、英国植民地支配下にあった当時のインドの状況に言及したという（加藤周一「夕陽妄語」朝日新聞夕刊、二〇〇〇年二月一七日）。インドは現地語に加えて英語を話す少数のエリートと、英語を解さず現地語しか話せない大多数の市井の人々が、政治的・経済的・社会的・文化的に断絶し、市井の人々の声が権力層に決して届かない社会であった。

「インド」を「アフリカ諸国」に置き換えても、事情は同じである。英語を公用語とするアフリカ諸国でも、経済的に恵まれ、大学まで進学できた人は英語を使いこなし、成功の階段を上り、今日われわれとFacebookでつながっているだろう。

だが、当然ながら、そうした人は多数派ではない。全ての子供が裕福な家庭に生まれるわけではなく、むしろ、家庭の事情で小学校を卒業できなかった子供の方が多数である。

もともと存在した現地諸語に英語を公用語として加えた言語環境は、英語を操る少数の知識層・富裕層・権力者層と、英語を解さず社会の意思決定過程から疎外された圧倒的多数の人々との格差を広げる方向に作用することはあっても、その逆ではなかったのである。

†国語はすべての国民のもの

今の日本は、アフリカ諸国や一九世紀のインドのようには貧しくはなく、エリートと市井の人々が完全に分断されている訳でもない。

だが、今の日本でも、外国留学する子供は決して多数派ではない。また、そうした費用を軽々と捻出できる家も多数派ではないだろう。海外駐在経験のあるサラリーマンや公務員も、昔よりは増えただろうが、やはり多数派ではない。増え続ける外国人旅行者に道を聞かれる機会が増えたとしても、一生に何十回も聞かれる人はそういない。外国と直接的な接点を持つことなく、生まれ育った地元で生涯を終える人や、厳しい経済状況の下で暮らしている人が大勢いることは言うまでもない。

なにより、国語はすべての国民のものである。したがって、論文を英語で発表しなければならない学者や、外国と商取引しなければならない大手企業のビジネスマンの都合は、英語をすべての日本人に強制し、その結果として格差をさらに拡大させる理由にはならないだろう。社会に様々な格差が存在する中でも、すべての日本国民が等しく理解することができるのが日本語である。こうした言語環境は、インドやアフリカ諸国にはない、かけがえのない財産というほかない。その言葉を大事にすることにエネルギーを使わず、英語を全ての日本人に強制することは本末転倒だと思うが、どうだろうか。

私の周りにも、幼少期からの英語教育の重要性や公用語化を熱心に主張する人が少なからずいる。あくまで私の個人的な感想に過ぎないが、米国への留学や駐在の際に、米国人とのコミュニケーションの過程で「英語が下手なこと」で苦労したトラウマのある人に、そうした傾向が強いように感じている。ネイティブのように英語を操る帰国子女の我が子たちから「お父さんの英語は変だ」とからかわれた経験を持つ者として、気持ちは分からないでもないが、言わずもがな、世界は米国だけではない。英語ができることの利点を説きつつも、広く世界を見渡し、英語導入がもたらすリスクにも目を向けてほしいと思う。

第 4 章

アフリカから見える日本

1　武力紛争からテロへ——変わる安全保障上の脅威

†急増するテロ

私はアフリカについて勉強することが仕事なので、アフリカ諸国が直面する安全保障上の課題に関心を持っている。だが、そんな日本人は少数だろう。誰もが、それぞれの仕事や生活で忙しい。日本人がアフリカの人々の直面している脅威を自らの問題として捉えることは、まずないだろう。

しかし困ったことに、世界のある特定の地域の安全保障上の脅威が長い回り道の末に世界全体の脅威と化し、日本にも影響を及ぼす場合がある。

では、今のアフリカに存在する安全保障上の脅威の中で、巡り巡って日本への脅威となるものがあるとすれば、それは何だろうか。その一つとして、ここではアフリカにおけるテロの多発という事態について言及したい。

アフリカにおける安全保障上の脅威は長年、テロではなく、武力紛争（戦争）の多発であった。ここで言う「武力紛争」とは、少し専門的な言い方をすれば「武装した集団同士の大規模な物理的暴力（武力）を伴う抗争」のことである。

アフリカの武力紛争について研究した専門家によれば、アフリカ一七カ国が一斉に独立した一九六〇年の「アフリカの年」から二〇一一年までのおよそ半世紀の間に、サブサハラ・アフリカ（サハラ砂漠以南アフリカ）四九カ国のうち、実に三八カ国が内戦を経験している。アフリカで最も武力紛争が多発した一九九〇年代〜二〇〇〇年代初頭には、およそ二〇の内戦が同時進行していたこともあった。「内戦を経験していない国」とされる国の中にも、タンザニアのように七〇年代末にウガンダとの国家間戦争を経験した国がある。

だが、アフリカの武力紛争は近年、全体として顕著な減少傾向にある。国連平和維持活動（PKO）に陸上自衛隊が派遣されていた南スーダンのように、今なお大規模な内戦が続いている国もあるが、一九九〇年代に数多く見られたような、短期間で何十万人もの犠牲者が出る大規模な武力紛争は影を潜め、紛争の担い手である各地の武装勢力の規模も小さくなった。

こうした中、大規模な武力紛争の減少と反比例するかのように、アフリカで新たな安全保障上の脅威として浮上してきたのが、テロの多発、なかでもイスラーム主義を掲げる組織によるテロの増加である。

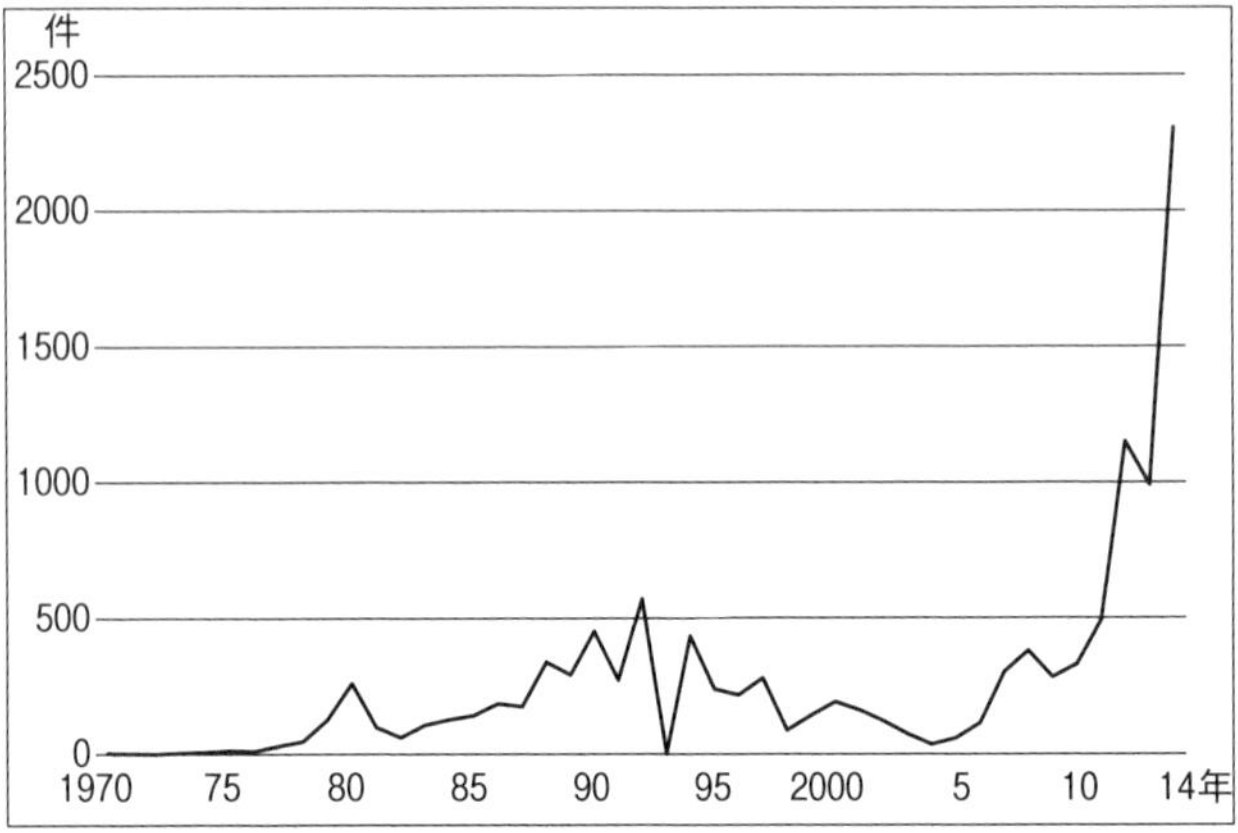

【グラフ1】サブサハラ・アフリカのテロ発生件数の推移（1970～2014年）

上の【グラフ1】をご覧いただきたい。これは、米国のメリーランド大学の研究チームが運営しているデータベースに基づいて作成した一九七〇～二〇一四年のサブサハラ・アフリカにおけるテロ発生件数の推移を示したグラフである。なお、この研究チームは、テロを「恐怖、威嚇、威圧を通じて政治的、経済的、宗教的、社会的な目的の達成を目指す非国家主体による、非合法な暴力の使用または誇示」と定義している。

サブサハラ・アフリカでは一九七〇～二〇一四年の間に一万一四九三件のテロが発生した（一九九三年はデータ不備により件数が〇となっている）。グラフをみると、二〇一一年以降にテロが急増したことが一目瞭然だろう。

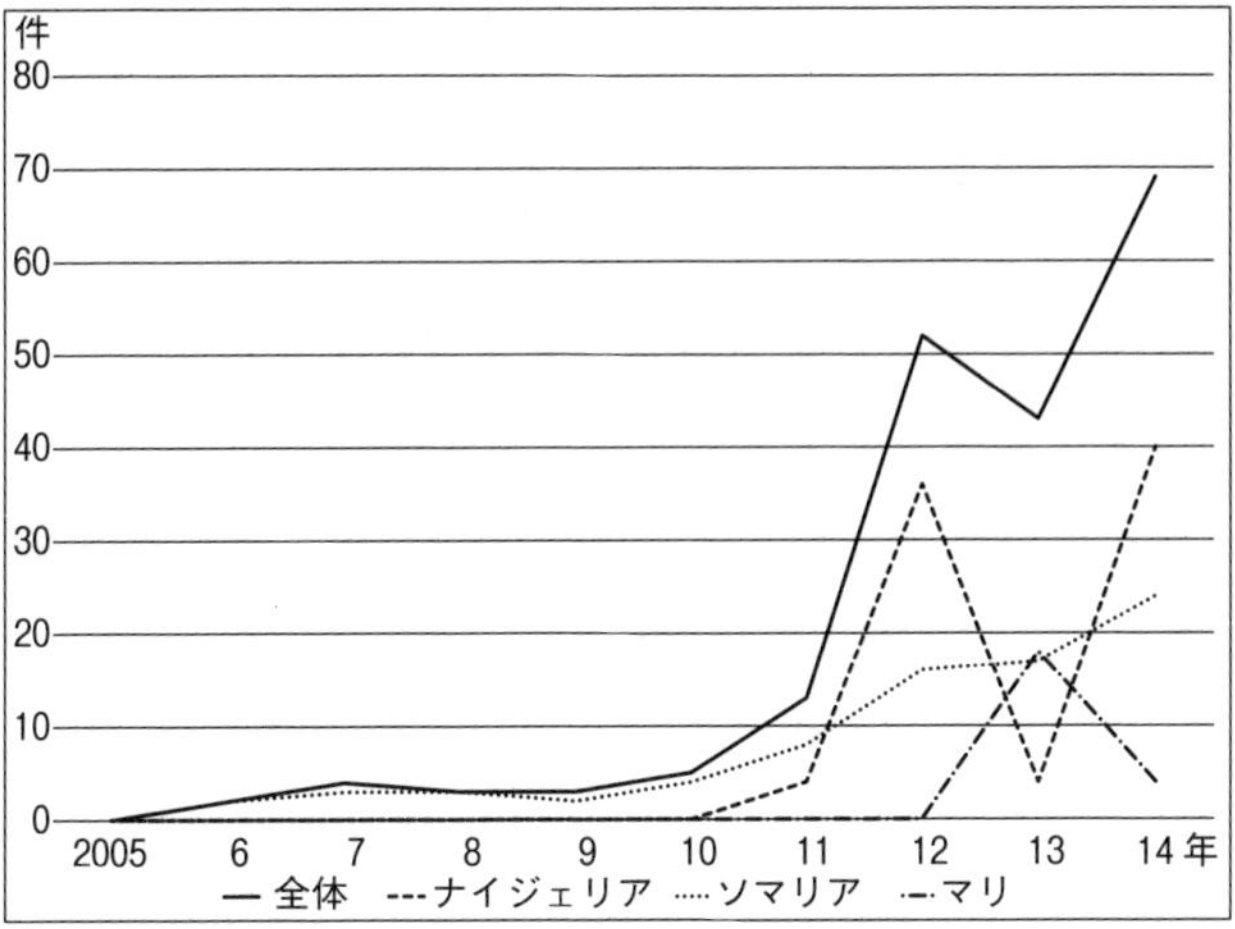

【グラフ2】サブサハラ・アフリカの自爆テロ発生件数

†「史上最悪」のテロ組織

近年のサブサハラ・アフリカにおけるテロには、発生件数の多さのみならず、注目すべき特徴がある。それは、かつては中東以外の地域では発生が稀であった自爆テロの急増だ。

上に示す【グラフ2】は同じデータベースに基づいて私が作成したもので、サブサハラ・アフリカにおける自爆テロの発生状況を示している。サブサハラ・アフリカでは二〇〇六年に初めて自爆テロが発生し、その後は年間数件のペースで推移した後、二〇一一年から顕著に増加傾向にあることが分かる。これらの自爆テロの発生はナイジェリア、ソマリア、マリの三カ国に集中しているが、なかでもナイジェリアにおける自爆テロの増加が著しい。ナイジェリアの自爆テロのほとんど全ては、イスラーム武装組織ボコ・ハラムの犯行によるものだ。ボコ・ハラムは、二〇一四年四月に二百数十人の女子中高校生を一度に拉致したことで、国際的に名を知られるようになったナイジェリア北東部を拠点とする組織である。

その誕生と発展の経緯を本稿の限られた紙幅で示すことは不可能なので、興味のある方は、私が書き下ろした『ボコ・ハラム　イスラーム国を超えた「史上最悪」のテロ組織』（新潮社、二〇一七年）をお読みいただければ幸いである。

自爆テロそのものは国際的に見てさほど珍しい形態のテロではないが、ボコ・ハラムによる自爆テロには、新しい特徴がある。自爆犯の性別を見た場合、男性よりも女性が圧倒的に多く、おまけに子供を自爆させるケースが異常に多いのである。

米国ウエストポイントの陸軍士官学校内に設置されたCombating Terrorism Centerとイェール大学の共同研究チームが二〇一七年八月に公表した調査結果によると、二〇一一年以降に実行されたボコ・ハラムによる自爆テロ四三四件のうち、自爆犯の性別が判明しているのは三三八件あった。このうち女性の自爆犯は、性別判明分の実に七二・二％を占める二四四件に達した。共同研究チームは「ボコ・ハラムは女性自爆犯が男性自爆犯よりも多い、歴史上初めてのテロリスト・グループだ」と結論付けている。

さらに、国連児童基金（ＵＮＩＣＥＦ）の調査結果（二〇一七年八月二二日公表）によると、二〇一七年一月一日から結果公表時点までに八三人の未成年が自爆テロを実行し、このうち五五人が少女、二七人が少年、残る一人は少女が背負っていた赤ん坊であり、性別は不明だった。

「自爆」とは言っても、多くの女性、ましてや少年少女たちは、ボコ・ハラムに殺害されていると言った方が実態に即しているだろう。自爆寸前に保護された少女の話から、ボコ・ハラムから「自爆しなければ殺す」と自爆を強要されたり、爆弾ベルトを巻かれて人混みに立たされ、遠隔操作の起爆装置で事実上爆殺された子供がいることが分かった。また、年端のいかない子供を「洗脳」し、自爆に駆り立てているケースもあるという。

†模倣されるテロの手法

一般に女性や子供は犯罪者として疑われにくいため、警戒されずに人混みに紛れ込みやすい。仮に警察官や軍人が自爆用の爆弾を身にまとった子供を見つけたとしても、それが年端もいかない少女であれば、銃の引き金を引くことをためらい、結果として多数の人々を巻き込む自爆テロは防げないかもしれない。そもそも、死を厭《いと》わない者に対しては、強大な警察力・軍事力とともに抑止力たり得ないという問題もあるだろう。

子供という、この世で最も弱い立場の存在を自爆に使うボコ・ハラム指導部の非道ぶりは言語道断だが、テロ組織の「戦術」という観点からみれば、子供や女性の自爆テロは小さな「投資」で大きな「戦果」を得ることが可能な手法なのである。

私が懸念しているのは、こうした子供や女性をテロリストに仕立て上げる手法の戦術的有効性が世界中のテロ組織・テロリストに認識され、広く拡散していかないかということだ。車を暴走させて歩行者を殺傷するテロが欧州で相次いだ現実を見れば、個々のテロ実行犯同士に何ら人的関係がないにもかかわらず、テロの手法だけは次々と模倣されながら拡散していることが分かる。

ボコ・ハラムがわざわざメンバーを日本へ直接送り込み、テロを実行する可能性はほとんどないと思われるが、テロの思想に感化され、共鳴し、呼応し、攻撃手法に着想を得る者は世界中に少なからず存在する。インターネットで瞬時に情報が拡散する今日、テロは世界が等しく直面する脅威である。

2　南アフリカのゼノフォビア――日本への教訓

†南アで多発する外国人襲撃

外国人労働者の受け入れを拡大するための改正入管法が二〇一九年四月一日に施行された。一九九〇年ごろにおよそ一〇〇万人だった日本在住の外国人は、今日約二六〇万人にまで増えた。少子高齢化による日本の労働力不足や経済のグローバル化を考えれば、さらなる外国人労働者の受け入れは不可避だろう。

だが、外国人との共生の仕方で苦労していない国は、この世にない。私がかつて家族と暮らしていた南アフリカ共和国（以下、南ア）もまた、外国人労働者を巡る深刻な問題に直面している。南アの問題。それは「ゼノフォビア（Xenophobia）」だ。

「ゼノフォビア」は、ギリシャ語で「見知らぬ人」を意味するXenos（ゼノス）と、同じくギリシャ語で「恐怖」を意味するphobos（フォボス）を組み合わせた言葉で、「外国人に対する嫌悪感」といった意味がある。

南アは近年、ゼノフォビアに基づく外国人襲撃の多発という、深刻な事態に直面している。二〇〇八年五月には、最大都市ヨハネスブルク郊外で発生したジンバブエ人、モザンビーク人などに対する襲撃を皮切りに、外国人襲撃が国内各地に波及した。わずか二週間で少なくとも六二人が殺害され、約七〇〇人が負傷した。国連によると襲撃を恐れた外国人約一〇万人が避難民と化し、南ア政府が設置した避難キャンプや教会での生活を強《し》いられ、急遽《きゆうきよ》祖国へ帰る人も相次いだ。

二〇一五年三月から四月にかけて、今度はヨハネスブルクと東南部の大都市ダーバンを中心に襲撃が多発した。この時は、南アの最大民族ズールー人の指導的立場にある人物が、南アの高い犯罪率は移民が原因であるとして、外国人の追い出しを呼びかけたことが襲撃多発の引き金になった。南アのズマ大統領（当時）はインドネシアで開催されたアジア・アフリカ会議（バンドン会議）六〇周年記念首脳会議への出席を急遽取りやめ、対応に追われた。

この二度の大規模な襲撃以外にも、小規模な襲撃は各地で散発的に発生している。二〇一八年二月には、ヨハネスブルク大学のタンザニア人大学院生の男性が大学キャンパス内で殺害され、衝撃を与えた。捜査当局はゼノフォビアに基づくヘイト・クライムの可能性があるとみている。

南アでは、一九世紀末から周辺国の人々が鉱山や農場で働いてきた歴史があるが、近年の外国人急増のきっかけは、少数の白人が多数の有色人種を支配していたアパルトヘイト（人種隔離）体制時代末期の一九八六年の法改正である。南ア政府はこの年、日本の入管法に相当する外国人管理法を改正し、それまで厳しく制限していた「非白人」の南アへの入国を認めた。南アへはアフリカ各国から労働者が来るようになり、その数は一九九四年の民主化後に急増した。

世界銀行の二〇一八年の統計によると、南アの移民数は現在約四〇四万人と推定され、総人口約五八〇〇万人の七％近くに達する。国別ではモザンビーク約六八万人、ジンバブエ約三六万人、レソト約三一万人など近隣国出身者が多数を占めており、その多くが南ア国内の鉱山、プランテーション農場、飲食店、建設現場などで働いている。富裕層家庭の庭師やメイドとして働いている人も少なくない。

外国人襲撃の加害者は、多くの場合、南アの黒人男性の集団であり、刃物や棒など身の回りの品を凶器に集団で暴力を行使する。一方、標的はモザンビーク、マラウイ、ジンバブエなど近隣国出身の人々である場合が多く、近年は西アフリカからやってきたナイジェリア人も襲撃対象にされている。

†「他山の石」に

なぜ、南アフリカでは、他のアフリカ諸国出身者に対するゼノフォビアに基づく暴力行為が多発するのだろうか。その理由を巡っては様々な見解が示されているが、一つの有力な見解は、南アの低所得者と外国人低所得者が住宅や雇用機会などを巡って競合した結果、外国人低所得者が南ア人低所得者の不満のはけ口になっている、というものだ。

南アには欧米出身の白人、インド系住民、日本や中国など東アジア出身者も多数居住しているが、襲撃の対象になることはほとんどない。これらの国々の出身者の多くは富裕層、中間層に属しており、単純労働者であることは稀《まれ》である。

一方、他のアフリカ諸国出身者は、南ア黒人の低所得者と同じ地域に住み、先述したような単純労働に従事している。南アで暮らしてみると分かることだが、強大な白人政権を相手に反アパルトヘイト闘争を戦い抜いた南ア黒人は、民主化後の今も権利意識が非常に強い。このため南アには、自国の低所得者層を単純労働者として雇用せず、その代わりに低賃金でも文句を言わず、労働者としての諸権利を主張しない外国人労働者を好んで雇用する経営者や商店主が少なからず存在する。

その結果、南アの低所得者の間には、「常に失業率が二五％前後で推移しているにもかかわらず、なぜ自分たちではなく外国人労働者が職を得ているのか」という疑問と不満が蓄積しており、社会的影響力の強い人物による外国人への憎悪を扇動する発言などを契機に外国人襲撃が起きやすい、と考えられるのだ。

また、ある社会でゼノフォビアの感情が高まる時に、庶民の間に広まるお決まりの説は「外国人が増えて治安が悪化した」である。しかし、少なくとも現在に至るまで、外国人が犯罪を起こす確率が南ア人のそれよりも高いとのデータは存在しない。にもかかわらず、南ア社会では「外国人増加による治安悪化説」が強く信奉されており、こうした人々の誤解もゼノフォビアに基づく暴力の背景になっているものと考えられる。

日本が外国人労働者の受け入れ拡大に舵《かじ》を切った今、私は南アのゼノフォビアに基づく暴力の多発という状況を思い起こし、他山の石にしたいと考える。

たしかに今の日本で、日本人の集団が多数の在日外国人を殺害するような事態は想像しにくい。また、多くの若年層が失業状態にある南アと、中小企業を中心に人手不足が深刻な日本の状況は異なる。

しかし、日本の人手不足は、少子高齢化による労働人口減少の結果であると同時に、好景気の産物でもある。永遠に続く好景気は存在しない。やがて景気後退期に入れば、人手が余る業種や産業も出てくるだろう。その時に「日本人の自分に仕事がないのに、なぜ外国人が先に仕事を得ているのか」との不満が拡大し、ゼノフォビアの感情が強まらない保証はないと私は思う。

多数の外国人労働者を受け入れる以上は、政府が先頭に立って精緻な制度設計と運用に注力しなければ、外国人は日本に反感を持って祖国に帰り、日本社会には増幅されたゼノフォビアが残る最悪の結果を招いてしまう。現に南アの場合は、ゼノフォビアに基づく暴力の被害者の出身国政府との間で緊張が高まり、外交関係の悪化にまで発展しているケースもある。

3 アフリカの小国をロールプレイする

†グローバル・シュミレーション・ゲーミング

私が教鞭を執っている立命館大学国際関係学部には春学期（四～七月）に週一回、原則として二年生全員が参加する「グローバル・シミュレーション・ゲーミング（GSG）」という授業がある。学生が国際社会の様々なアクター（国家、国連、国際機関、NGO、マスコミなど）に扮《ふん》し、他のアクターと統一テーマに関連する外交交渉を行うのである。二〇一八年度の統一テーマは「安全保障」だった。

およそ三七〇人の学生は、各自の希望に基づいて「欧州」「アジア」「国際機関・NGO」「メディア」など一二のクラスに分かれる。私は二〇一八年の春学期に「サハラ以南アフリカ」のクラスを受け持った。クラスには二五人の学生がいた。

学生は各クラス内で、さらにアクターに細分化される。「サハラ以南アフリカ」のクラスには南アフリカ、コンゴ民主共和国、南スーダン、ナイジェリアというアフリカ四カ国のアクターがあり、一つのアクターに五〜六人ずつの学生が所属した。

授業は四月のガイダンスから始まり、学生は自分が扮するアクターに関する基礎知識を習得し、学んだ知識を他のアクターに向けて発表する。その後、アクターごとに「安全保障」に関連した獲得目標の設定、目標達成に向けた戦略の立案、戦術の策定、他のクラスのアクターとの交渉、アクター間での条約の締結……と授業が進んでいく。

要するに、この授業は、参加学生全員がそれぞれのアクターになりきり、世界の安全保障環境の向上を目指して課題設定、政策立案、交渉などのプロセスを擬似体験するロール・プレイング・ゲームである。学生に国際情勢に関する知識を習得させ、彼らの交渉や発表の能力を向上させることを目指している。

さて、GSGの話を持ち出したのは、大学の宣伝のためではない。アフリカクラスの担任を通じて見えたこと。これがなかなか興味深いのだ。

†「何をやっていいのか分からない」

まず、大学は学生に対し、前年末の段階で、どのアクターに扮したいのか希望を尋ねるアンケートを実施し、その回答に基づいてクラス分けをした。

その結果、四月の授業スタート時点で、私のアフリカのクラスにやってきたのは、なんと二五人全員が「アフリカ」を第三希望以下に挙げた学生だった。第一希望で「アフリカ」と回答した学生はゼロ。第二希望で「アフリカ」と回答した学生もゼロ。アフリカクラスは、全員が渋々アフリカの国家に扮するところから授業が始まったのである。

これと対照的に、欧米やアジアの国々に扮することになった学生の多くは、第一希望か第二希望が叶った結果だった。「国際関係学部」で学んでいるような若者にとっても、やはりアフリカは関心の対象外であることを改めて痛感させられた。

そんな学生たちなので、アフリカの国については何も知らないに等しい。だが、国に関する基礎知識など、インターネットで情報をかき集めれば、どうにかなる。

より困難な問題は、GSG全体の統一テーマである「安全保障」について、アフリカの一国家として、どのように関わっていけばよいのか、学生たちには皆目見当がつかないことだった。

米国や東アジア諸国に扮することになった学生であれば、とりあえずは北朝鮮の核・ミサイル開発への対処を課題として想定できるだろう。欧州クラスの学生ならば対ロ関係、東南アジア諸国に扮する学生であれば中国の海洋進出が思い浮かぶに違いない。こうした国々に扮する学生たちは、マスメディアによって日常的に得ている情報の範囲で、その国が直面する安全保障分野の課題について、おおよその見当を付けることができる。

しかし、アフリカクラスの場合は、そうはいかない。国際社会の安全保障環境に、アフリカの一小国がどのように構造的に関係しているのか。国家として、どのような課題選定や戦略目標の策定が可能なのか——などについて、アフリカクラスの学生たちは、他クラスのアクター以上に知恵を絞らなければならなかった。

情報収集、グループ内での議論、目標設定と戦略策定などを経て、いよいよ他クラスのアクターとの交渉が始まると、アフリカクラスの学生たちは、さらに厳しい現実に直面することになった。アフリカクラスの教室にわざわざ足を運び、何らかの交渉を持ち掛けてくるアクターなど、ほとんどいない。アフリカクラスへの「来客」は、ほぼゼロなのだ。

これと対照的に、米国、中国、欧州諸国、日本などのクラスの教室には、様々な条約への加入や国際会議への参加を呼び掛けるアクターが全世界から殺到し、大変な盛況であった。たとえ小国であっても、たとえば中東の国々に扮した学生の下には、テロ対策やシリア内戦への対応などを理由に様々なアクターが押し掛けてくる。アフリカクラスの学生たちが置かれた状況とは、まさに天と地ほどの差があった。

†授業であぶり出された国際政治の現実

ここに至ってアフリカ四カ国に扮した我がクラスの学生たちは、人々のアフリカへの関心の低さや無知を思い知らされる。その結果、学生たちは自分の教室で他クラスのアクターを待っていてもどうにもならないことを理解し、積極的に他クラスの様々なアクターのところへ押しかけ、あの手この手で外交的成果を上げるようになっていった。

例えば、コンゴ民主共和国に扮した学生たちは、自国内で採掘されるレアメタルが武装勢力の資金源の一部になっている状況を改善しようと、鉱物の産地証明に関する国際協定を他クラスのアクターとの間で結んできた。なかなかのものである。

近年の経済成長や人口増大によって、アフリカは企業から有望な市場や投資対象地と見なされるようになっている。しかし、とりわけ日本のマスメディアのアフリカに関する報道は絶望的に少なく、報道の質も高いとは言えない。人々はアフリカについて知らず、関心も低い。わずか三七〇人ほどの学生が教室で国際社会を再現してみても、そうした現実は見事なまでに忠実に再現される。

一連の授業が終わった後、アフリカクラスの学生たちに感想を書いてもらったところ、「こうした機会がなければ、小国の立場を知ることはなかった」「発展途上国が世界に向けて主張をアピールすることの難しさが分かった気がする」といった内容で溢れていた。最終的には、アフリカクラスの学生たちは、他クラスの学生たちよりも積極的に他クラスのアクターに働きかけ、能動的に行動したように思われる。人々の無関心をはね返すには、そうするしかなかったからだ。

学生たちは、自分たちが無視される立場に置かれて、初めて弱い立場の国々に対する自らの無知と無関心に気付いた、とも言える。大切なのは、この「気付き」ではないか。

4　忘れられた南スーダン自衛隊派遣

†PKO政策の限界

国連平和維持活動（PKO）の南スーダン派遣団（UNMISS）に派遣されていた陸上自衛隊の部隊は二〇一七年五月末に撤収し、二〇一二年一月から続いていた派遣は事実上終了した。その後は数人の司令部要員らをUNMISSに派遣するにとどまっている。

UNMISSには六〇カ国以上から計約一万六〇〇〇人の軍人、警察官、専門家らが派遣されているが、二〇一一年七月の任務開始以来、六七人（二〇一九年三月末時点）が殉職している。状況からみて、現在世界に展開している一四の国連PKOの中で最も危険度の高いものの一つだが、そうした厳しい状況下で、自衛隊が一人の犠牲者も出さずに任務を完了できたことは本当に良かった。

しかし、私は約五年半に及んだ南スーダンへの陸自派遣を批判的に総括しておかなければ、日本は二度と国連PKOに自衛隊を派遣できなくなるのではないかと感じている。一九九二年施行の国際平和協力法に基づいて自衛隊を国連PKOに派遣するようになって以降、今回の南スーダン派遣ほど、日本のPKO政策の限界が浮き彫りになった任務はなかったと言っても差し支えないだろう。

端的に言って、日本の国連PKOへの参加は、派遣されている自衛隊員の練度や規律の正しさでは世界最高水準にあるものの、制度設計の点では国連の基準からも世界の紛争の現実からも遠くかけ離れている。

†武力紛争は新たな様相

よく知られている通り、日本のPKO政策は、国際平和協力法で定めた以下の「参加五原則」に則る形で実施されている。

(1) 紛争当事者間の停戦合意の成立
(2) 紛争当事者が日本の参加に同意していること
(3) 特定の紛争当事者に偏ることなく、中立的立場を厳守すること
(4) 上記の原則のいずれかが満たされない状況が生じた場合には撤収すること
(5) 武器の使用は、要員の生命等の防護のために必要な最小限のものに限られること

世界で最初の国連PKOは一九四八年に設置されたパレスチナの国連休戦監視機構とい

う軍事監視団であり、その後、一九五六年の第二次中東戦争などでもＰＫＯが展開された。これらのＰＫＯは、主に国家間紛争において停戦合意した紛争当事者の監視を任務としており、日本政府が一九九二年に定めた五原則とは、こうした国連の伝統的ＰＫＯの運用原則を踏襲したものであった。

ところが、日本が伝統的ＰＫＯの運用原則を踏襲して国内法を整備した一九九〇年代初頭の時点で、世界各地の武力紛争は既に新しい様相を呈し始めていた。これら「新しい紛争」の多くはアフリカで発生し、国連ＰＫＯの在り方を大きく変えるきっかけとなった。「紛争当事者間の停戦合意」「紛争当事者の受け入れ同意」「ＰＫＯの中立性」といった伝統的ＰＫＯの原則に決定的な打撃となった紛争は、ルワンダ政府と反政府勢力が戦ったルワンダ内戦（一九九〇〜九四年）だった。一九九四年四月、停戦監視のためにルワンダに駐留していた国連ＰＫＯの目の前で、政権側が主導する大量虐殺が始まった。だが、「中立」の原則に固執した国連ＰＫＯは紛争当事者になることを恐れ、武力行使を躊躇《ちゅうちょ》しているうちに約三カ月で推定八〇万〜一〇〇万人の市民が虐殺されてしまったのである。

一九九〇年代〜二〇〇〇年代初頭にかけてのアフリカでは、ルワンダ以外でも紛争が多発した。二〇件近い紛争が同時進行であった年もあり、そのほぼ全てが内戦だった。内戦の原因は様々だが、冷戦時代に米ソ両陣営からの支援でかろうじて命脈を保っていたアフリカ各国の抑圧的政権が、米ソからの支援停止（削減）によって衰え、国内の反体制派が武装蜂起したケースが多かった。

ソマリアやコンゴ民主共和国（旧ザイール）の内戦のように、国家（政府）による統治が全面崩壊し、複数の非国家主体（武装勢力）が入り乱れて戦うこともあった。前線を挟んだ武装集団間の戦いというよりも、治安秩序の全面崩壊と形容するのが妥当な状況であり、無軌道な武装勢力による民間人虐殺や集団レイプが頻発した。

このような特徴を備えた新しい紛争では、紛争当事者の武装勢力は離合集散を繰り返すため、彼らから「停戦合意」や「受け入れ同意」を取り付けることが事実上不可能な場合が多い。「中立」に固執していたのでは、民間人虐殺を防ぐことも難しい。

私はＰＫＯ問題の専門家ではないが、アフリカの武力紛争の取材を続ける過程で、停戦監視を主任務とする伝統的な国連ＰＫＯの限界を目の当たりにすることになった。

†国連の原則も変わる

国連は、アナン事務総長（当時）のリーダーシップの下で、一九九〇年代後半からＰＫＯの運用原則の徹底した見直しを重ねてきた。二〇〇〇年三月には国連内に「国連平和活動検討パネル」が設置され、同年八月に「ブラヒミ・リポート」と呼ばれる報告書が発表された。

この報告書は、「紛争当事者の受け入れ同意」「PKOの中立性」「自衛以外の武力不行使」など伝統的PKOの原則が依然として重要であることを確認する一方、強力な交戦規則の設定や中立概念の修正など「より柔軟で弾力的な原則の適用」を国連に求めた。

現在の国連PKOの運用原則を理解するうえで重要なのは、国連PKO局が二〇〇八年一月に作成した包括的政策文書「国連平和維持活動　原則と指針」（通称・キャップストーン・ドクトリン）である。

キャップストーン・ドクトリンは、「紛争当事者の受け入れ同意」や「PKOの公平性」といった運用原則の重要性を指摘した。ただし同時に、必ずしも全ての紛争当事者の同意が必要なわけではないことや、中立に固執するあまりPKOが止まってはならないことなどを強調し、民間人保護などの必要性が生じた場合には武力行使も躊躇しない考えを打ち出している。日本が四半世紀前に定めた「五原則」に固執し続けている間に、世界の武力紛争の様態は劇的に変化し、日本がかつてモデルにした国連の原則も、現実に合わせて大きく変容したのである。

†現実を直視しない日本

南スーダンで展開中のＵＮＭＩＳＳは二〇一一年七月に発足した当初、国連安保理決議によって「国家建設」のための任務のみが付与されていた。同年同月にスーダンから分離独立した時点の南スーダンの治安状態は一応落ち着いていたからである。

しかし、その後、南スーダンの治安情勢の悪化を受け、ＵＮＭＩＳＳは新たな安保理決議に基づいて「文民保護」に任務を拡大した。強力な武力行使による「平和の強制執行」を任務としてはいないものの、文民保護のための一定の武力行使が国際法上認められるようになったのである。それは国連が、先述した新しい紛争に対応した原則に則って、ＰＫＯの任務を拡大した結果に他ならない。

日本政府は二〇一一年時点では、四半世紀前に定めた「五原則」の順守は可能であると判断し、自衛隊をＵＮＭＩＳＳに派遣した。だが、案の定というべきか、南スーダンには四半世紀前の「原則」に固執していたのでは対処できない現実が待っていた。

どこまでも日本の国内法の原則に忠実であるならば、停戦合意が崩壊している南スーダンから自衛隊は撤収しなければならない。だが、世界六〇カ国以上が血を流す覚悟で任務に臨んでいる状況下で、日本だけが即座に撤収することは国際政治の常識から言って困難であり、撤収するにしても周到な準備と一定の時間を要する。とはいえ、派遣の原則を根本から見直すのは、日本の政治状況や世論をみれば容易ではない。

そこで、政府が選んだ道は、どんなに内戦が激化しようと「戦闘」を「衝突」と言い換えることや、戦闘の事実を記した文書を表に出さないこと。すなわち、「詭弁」や「隠蔽」によるその場凌ぎだった――。南スーダンへの自衛隊派遣を巡って起きた一連の騒動を要約すると、そういうことではないだろうか。

安倍政権のそうした対応を批判するのはたやすいが、「詭弁」や「隠蔽」の根源を突き詰めると、紛争の現実や国連の基準から遠くかけ離れた日本の自衛隊派遣・運用基準の問題に行き当たる。紛争地の現実に正面から向き合おうとしない点では、野党のリベラル・左派勢力も変わらず、政権批判ばかりして理想を並べ立てるという点では、政権よりも、その病は重いかもしれない。そこに日本の問題の深刻さがあるように思う。

†報道から消えた南スーダン

さらにもう一つ大きな問題だと思われるのは、南スーダンの現状がもはや国家崩壊と形容するほかない深刻な状況であるにもかかわらず、陸自が撤収した途端に日本の新聞もテレビも同国について、全くと言ってよいほど報道しなくなったことである。

南スーダンでは自衛隊が撤収した二〇一七年五月以降も国内各地で戦闘が続き、国連難民高等弁務官事務所（UNHCR）が公表している二〇一九年四月末現在の統計によると、総人口（約一三〇〇万人）の約一八%に相当する約二三〇万人が周辺国へ難民として流出している。総人口の半分以上に当たる七〇〇万人が緊急の人道支援を必要とし、内戦終結へ向けてサルバ・キール大統領と、対立するリヤク・マシャール前副大統領が二〇一八年九月に和平協定を締結した。だが、両者は二〇一九年五月になって統一政府の発足期限を半年延期すると発表し、和平の先行きが危ぶまれている。

メディアの報道の傾向について研究している大阪大学大学院のヴァージル・ホーキンス准教授が中心となって運営しているウェブサイト「Global News View（GNV）」による興味深い調査結果がある。

GNVが二〇一六年の一年間に『朝日新聞』の国際ニュース面に掲載された全ての記事の中から、アフリカの五九の国と地域の名が見出しに登場した記事計一〇九件を抽出し、国・地域別に分類したところ、最も多く登場した国は南スーダンの二八・二%で、エジプト二一・四%、リビア一三・六%、チュニジア六・八%、ケニア三・九%、南アフリカ共和国三・九%――と続いた。

陸自が派遣されていた二〇一六年時点では、『朝日新聞』紙上でアフリカの国と地域の名前が登場した記事全体の四分の一以上が南スーダンに関する報道だったのである。

　ところが二〇一七年五月に陸自が撤収すると、状況は一変する。

　私は『朝日新聞』『読売新聞』『毎日新聞』の三紙の報道についてデータベースを用いて調べてみた。分析対象は三紙の東京本社発行版の朝・夕刊。期間は自衛隊撤収前後の二〇一七年三月~九月である。南スーダンの政情、内戦、日本政府と国際社会の対応に関連した記事を探すため、『朝日新聞』と『毎日新聞』については一面、総合面、政治面、経済面、国際面、社会面を検索対象とし、スポーツニュースなどは除外する。『読売新聞』はデータベースの条件設定方式が他の二紙と異なるため、すべての面に掲載された記事を対象に検索した。以上の条件設定で「南スーダン」を含む記事の数を検索したところ、表のような結果が出た。

	3月	4月	5月	6月	7月	8月	9月
朝日	49	15	24	24	48	35	9
読売	52	19	22	16	57	34	4
毎日	51	19	24	17	50	31	6

南スーダン内戦（2013年〜）　全国紙3紙（東京本社版の朝・夕刊）で「南スーダン」の国名を含む記事（本）※1

※朝日新聞、読売新聞、毎日新聞の3紙のデータベースでの検索を基に作成

　表を見ると、陸自が撤収した二〇一七年五月以降も多数の記事が掲載されており、撤収を境として日本メディアの南スーダンへの関心が低下したようには見えないかもしれない。

　しかし、問題は記事の数ではなく内容である。陸自撤収後の

六月、七月の三紙の記事内容を精査すると、南スーダンの現地情勢に関する報道は皆無に近く、ほぼ全ての記事が陸自の「日報問題」に関連した記事なのだ。

†メディアがアフリカを取り上げる「例外」とは

南スーダンの首都ジュバでは、二〇一六年七月七日〜一二日に激しい戦闘があった。ジャーナリストによる情報公開請求に対し、防衛省は当初「日報は破棄された」としていたが、その後、日報が保管されていたことが発覚した。陸自が組織的に日報の存在を隠蔽していた疑いが強まり、二〇一七年七月二八日に当時の稲田朋美防衛大臣、黒江哲郎事務次官、岡部俊哉陸上幕僚長が引責辞任した。これがいわゆる日報問題である。

陸自撤収後の二〇一七年七月に南スーダンに関する多数の記事が三紙に掲載されたのは、稲田大臣の辞任に関する記事が多かったからであり、南スーダン内戦の人道危機が報道されたからではない。だから、日報問題の余韻《よいん》が残る八月こそ三紙ともにそこそこの数の記事が掲載されたが、九月になると、記事は激減した。

そして先ほどの表にはないが、二〇一八年の南スーダンに関する報道を調べてみたところ、同国の人道危機は深刻化の一途をたどっているにもかかわらず、各紙とも壊滅的な状況であった。『朝日新聞』の場合、同国の状況を伝えた記事は年間で四本であった。

日報問題は組織的な情報隠蔽であり、メディアに問題を追及する社会的責務があることは論をまたない。だが、日本のメディアは南スーダン内戦を、もっぱら自衛隊派遣と日報問題という国内問題の延長として捉え、報道してきた。その結果、陸自の撤収、閣僚の引責辞任という政治イベントの終了とともに、南スーダンという国と紛争そのものへの関心を失っていったのだろう。

南スーダン内戦に関する報道だけでなく、日本の新聞とテレビが一九九〇年代以降のアフリカや中東の紛争について、何をどれくらい報じてきたかを詳細に調べたことがある。

そこで分かったことは、七〇年以上昔の過去の戦争体験を語り継ぐことに今も膨大なエネルギーを投入し続けている日本のメディアが、大勢の人々が命を落としている世界各地の現在進行形の戦争については、「一部の例外」を除いて相対的に低い関心しか示さないという事実であった。とりわけテレビ報道に、その傾向が著しかった。

「一部の例外」とは、「自衛隊派遣」と「米国の関与」である。とりわけ、日本のメディアは、米国が部隊派遣や和平仲介などの形で関わっている紛争については熱心に報道するが、米国が足抜けした途端に報道が激減する。イラク戦争もアフガニスタン戦争もシリア内戦も、米国が本腰を入れている間は社を挙げて特ダネ競争を繰り広げたが、米国の関与が低下した途端に現場の特派員任せになり、記事も減っていった。

紙の新聞には紙面の広さという物理的な制約があり、テレビのニュースには時間的な制約がある。世界各地で起きている森羅万象《しんらばんしょう》の出来事を全て報道することは不可能であり、メディアはニュースに優先順位を付けざるを得ない。それはインターネットによる情報流通が主流となった現在でも変わらない。

しかし、メディアによるニュースの優先順位の付け方がこのままでよいのか、という問題はあるだろう。南スーダンの総人口の半分以上が人道危機に瀕している中、自衛隊派遣と日報問題に集中する報道の仕方はメディアの内向き志向を、米国の関与を重視する報道の仕方は米国偏重を象徴してはいないだろうか。

【コラム】日本人の「まじめさ」の裏にあるもの

†「世界一」の定時運行

私は京都の大学で教鞭を執ることに伴い、東京の自宅との二重生活を続けている。

毎週月曜午前六時前に東京都内の自宅を出て、午前七時前に東京駅から新幹線に乗車し、午前九時過ぎに京都駅に着く。その後、JRの在来線と京都市バスを乗り継ぎ、大学到着は午前九時五五分ごろ。午前一〇時四〇分から始まる講義に十分間に合う。四泊五日の京都暮らしを終えた金曜日には、昼過ぎに大学を発ち、午後四時半過ぎには東京都内の自宅に戻る。

東京に自宅を構えながら関西の大学で教壇に立っている人を、私は何人も知っている。東京・京都間は新幹線の営業距離で五一三・六キロ。決して近くはない二都市での生活を可能にしているのは、「世界一」と断言しても差し支えない日本の交通機関の定時運行だ。各交通機関を効率よく乗り継いでいけば、自宅から大学まで所要約四時間。このような離れ業を可能にしてしまう交通機関を有している国を、私は他に知らない。

だが、完璧な定時運行の新幹線に感謝しながらも、しばしば思うことがある。超高速鉄道を秒単位の正確さで運行している人々のストレスは相当なものではないのか。新幹線だけではない。日本中の全ての交通機関が、基本的には寸分の狂いもなく毎日走り続けている。消費者にとっては天国ともいえる定時運行も、サービスを提供する側にとっては、およそ人間的とは言い難い過酷な労働環境ではないだろうか。

私がそんなことを考えるようになったきっかけは、南アフリカに家族で駐在していた一四年前に、日本国内で発生した大規模な鉄道事故であった。

†JR脱線事故への反応

二〇〇五年四月二五日、兵庫県尼崎市で、JR西日本の福知山線の列車が通常の速度を大幅に超過し、カーブを曲がり切れずに線路脇のマンションに突っ込み、一〇七人が死亡した。事故は当時、南アでも報道され、子供が通っていた南アの小学校の保護者の間で話題になった。

何よりも南アの人々を驚かせたのは、列車が速度超過に至った背景であった。JR西日本は、同じ区間を並走している私鉄との競争にさらされており、所要時間短縮や運転本数増加に血道を上げ、安全対策が後手に回っていたと考えられること。事故車は直前の駅で定位置に停車できず、列車が遅れ、車掌が乗客から苦情を受けたらしいこと。この運転士が過去に似たようなミスを犯し、会社から懲罰を受けていたこと。追い詰められた運転士が遅れを取り戻そうとして、規定以上の速度でカーブに進入した可能性があること――などだ。

「乗客も会社も、数分の遅れでそこまで運転士を追い詰める必要があるのか」。南アの人々の反応をひと言で表せば、そういうことであった。私の経験から言って、南アの人々だけでなく、他のアフリカ諸国の人々も同様の反応をすることは確実だった。いや、世界のかなり多くの国の人々が、同様の反応を示すかもしれないと思った。

日本の定時運行を可能にしているのは、第一義的には鉄道会社で働く人々の技能や職業意識の高さだろうが、それだけではない。そうした技能や職業意識の高さの精神的・文化的な土台になっているのは、幼少期からのしつけや教育の中で時間をかけて日本人に刷り込まれている「時間厳守」「規律ある行動」といった規範意識や行動様式に違いない。すなわち、生活のあらゆる場面で整然たる秩序を重視する「まじめさ」である。

「まじめさ」は、鉄道会社で働く人だけでなく、定時運行のサービスを常識と見なす無数の利用者＝圧倒的多数の日本人に共有されている。小学校の朝礼で「前へならえ」の号令で児童を整列させるような日本型のしつけや教育の仕方が、人口稠密《ちゅうみつ》社会を生きる我々に、整然たる秩序を形成する意思と能力を与えている。その結果、我々は「遅れ」や「混乱」を互いに許さず、消費者として快適なサービスを享受している。

「まじめさ」は、設定された目標に向かって計画的・効率的に組織を運営していく際には極めて有利に働く。製品の効率的大量生産を柱とした高度経済成長は、まさにこの産物だった。また、災害時にも整然と物資の配給を受けとることができるような、世界から賞賛される行動様式の根底にも、秩序を尊ぶ「まじめさ」が作用しているだろう。

†「余裕のなさ」が気になる

他方、「まじめさ」には弱点もあると、私は考える。「まじめさ」が極限まで徹底されると、「余白」「遊び」「のりしろ」などは、ほとんど存在不可能である。

精神的・時間的な余裕を欠いた社会は、なかば必然的に、精巧だが脆弱なガラス細工の如きものとなる。福知山線の事故は、日本社会の「余裕の欠如」が最も悲惨な形で顕在化したケースに思える。事故直後、日本からの報道の中に、JR西日本の「ずさんな体制」を問うものが目立った。だが、南アの人々との付き合いの中で、自らの意識と行動様式を相対化する機会を得ていた私には、この事故は、むしろ「ずさん」の対極にある「まじめさ」が招いたように思えてならなかった。

サービス残業の常態化。異様な長時間労働の末の過労死。学校でいじめられても学校に行くことをやめられず、挙句の果てに自ら命を絶ってしまう子供。こうした日本社会の様々な悲劇の根底に、我々の過剰な「まじめさ」が生み出す「余裕の欠如」があるのではないかということを、私はアフリカの人々との付き合いの中で感じてきた。

ここに記した内容と同じような話を、私は一〇年前に、当時勤務していた毎日新聞の紙面に執筆したことがある。福知山線の事故への南ア人の反応を題材に、日本人の行動様式に潜むリスクについて言及した内容だった。

大方の読者は拙稿を好意的に受け止めて下さったが、「そんなにアフリカが良ければ日本から出ていけ」という反応も少なからずあった。コラムにどのような感想を抱こうとも自由だが、私が気になるのは、自分の気に入らない他者の意見や行動に対して、すぐに敵意をむき出しにする「余裕のなさ」が、日本社会で増殖しているように感じられることである。

Ⅱ　アフリカに潜む日本の国益とチャンス

篠田英朗（しのだ・ひであき）プロフィール

一九六八年生まれ。専門は国際関係論。現在、東京外国語大学大学院総合国際学研究院教授。早稲田大学政治経済学部卒業。ロンドン大学（LSE）で国際関係学Ph.D.取得。広島大学平和科学研究センター准教授などを経て、現職。著書に『平和構築入門』『ほんとうの憲法』（以上、ちくま新書）、『集団的自衛権の思想史』（風行社、読売・吉野作造賞受賞）、『国際紛争を読み解く五つの視座』（講談社選書メチエ）、『平和構築と法の支配』（創文社、大佛次郎論壇賞受賞）、『「国家主権」という思想』（勁草書房、サントリー学芸賞受賞）、『国際社会の秩序』（東京大学出版会）など。

†低い関心、弱い結びつき

白戸圭一　アフリカをテーマにこうした対談をやる時、直面する問題があります。それは、世界の他の地域と比べると、アフリカに対する日本人の関心がものすごく低いということです。

単に関心が低いだけではなく、経済的な結びつきも非常に弱い。世界全体のGDP（国内総生産）に貢献しているアフリカのGDPの割合も、せいぜい二〜三％ですし、日本との貿易も本当に微々たるものです。

篠田英朗　その通りですね。

白戸　このように日本との結びつきも弱いということで、アフリカの個別の国の政治情勢に関心など持っている日本人は極めて少ない。

そうすると、対アフリカ外交なども大して真剣にならなくてもいいのではないか、といった意見も出てくる。そろそろ日本もアフリカから手を引くべきだとか、わざわざ南スーダンのPKO（国連平和維持活動）部隊に自衛隊を派遣する必要などないとか、あるいは企業も、アフリカで商売するために四苦八苦する必要もないという意見が必ず出てくる。これらの意見について、僕は一考に値するとは思っています。

しかしそうは言っても、例えば外交で言えば、日本は一九九三年からずっとＴＩＣＡＤ（アフリカ開発会議）という枠組みを通じてアフリカとつき合い続けていて、今も安倍晋三政権が中国との関係改善を進める中で、アフリカも有力なビジネスの舞台として、日中で一緒にインフラを建設するような協力ができないか、といったことを進めている。企業にしても、大手や中小関係なく、何とかアフリカに出て行けないか、と考えているところが多い。結局、アフリカとの関係を完全に切ろうと思っても、なかなか切れないのが現状なのです。

そこでまず単刀直入におうかがいしたいのですが、篠田さんは日本政府、あるいは日本人がアフリカとつき合う意味はあると思いますか。

†日本外交「三つの柱」

篠田　日本外交には三つの柱があることになっています。まずは、日米同盟を基軸とする同盟関係、自由主義諸国との連携ですね。それから、いろいろ複雑な形で戦争の記憶を共有しているアジア諸国、近隣諸国との関係の強化。

白戸　対中国、対韓国、対東南アジア関係ということですね。

篠田　そして三番目に、外務省の人たちが「マルチ」と呼ぶ、多国間外交とか国連中心主義とか言われる外交です。そして、外務省が重要と考える序列もこの通りです。省内の力関係を見ても、北米一課が一番強く、次に強い地域課はアジア関係。何となく気のきいたことを言っているマルチ、例えば総合外交政策局の人たちなどは、あえて言えば三番目なんです。実はＯＤＡ（政府開発援助）なども、全体としてはマルチです。個別案件は現地大使館や地域課が主導することが多いですが。

こうした序列から言うと、アフリカの問題がナンバーワンになることはない。しかし三つの柱が本当だとすると、政府は国連を中心にした多国間外交も維持したい。その際にアフリカを除外して展開することは基本的に不可能です。どの国もアフリカを主要な対象にして、いいことも悪いこともやっているわけですね。日本が多国間外交を充実させて三つの柱にしていますと言いながら、アフリカだけを切り離してしまったら、そんなのやってないのと同じだ、と言われてしまう。

白戸　国の数では、アフリカは世界の四分の一を占めますからね。

篠田　そうなんです。

多国間外交のようなややこしいことをするくらいなら、日本外交の柱は二本柱でいいじゃないか、という考えも当然出てくるわけで、実は柱は三本なのか二本なのかという大きな問題があるんですね。

これまで曲がりなりにも三本だと言ってきた理由は、やはり外交が末広がりに広がっていかないと、日本の外交政策が非常に狭いものになってしまう、という考え方がありました。

例えばヨーロッパ諸国ならEU（欧州連合）、NATO（北大西洋条約機構）、OSCE（欧州安全保障協力機構）など無数の地域機構があり、アフリカならAU（アフリカ連合）及びその他の準地域機構があって、東南アジア諸国でもASEAN（東南アジア諸国連合）があります。ところが北東アジアには地域機構がない。

日本にとっては、本当にまじめにオペレーションを行っている、唯一の国際機関が国連なんです。ここで日本が国連からのけ者にされたら、本当にアメリカにくっついていくだけの国になってしまいます。だからいろんな担保をかけるという意味でも、視野を広げるという意味でも、人的ネットワークを作るという意味でも国連を中心にした多国間外交は捨てられない。

そしてアフリカは、そうした微妙な位置にある三本柱の三番目に関わってきているということなのです。だから、意外にも捨て去ることはできない。

白戸　なかなか捨てられない。

篠田　なぜなら、国連を中心とする国際機関が主戦場とし、それぞれがその存在価値を認められようとしている場所がアフリカだからです。もし、アフリカで「国連はいらない」と言われてしまったら、国連はどこで活躍すればいいのかというぐらいに国連にとっては重要な場所ですから、日本もそのことをストレートに認識する必要はあると思います。

†「常任理事国」入りの「蹉跌」

篠田　もう少し具体的に言うと、現在ＪＩＣＡ（国際協力機構）の理事長をされている北岡伸一先生（東京大学名誉教授）は国際政治学者で、われわれの大先輩なのですが、二〇〇四年から二〇〇六年にかけて国連代表部の次席大使をされていました。そして当時の日本は、かなり本気で常任理事国の座を取りに行っていた。

白戸　そうでしたね。私は当時、『毎日新聞』記者としてアフリカに駐在していましたが、この常任理事国狙いの件では、初めて東京本社から取材の命令が来ました。アフリカにいる記者に東京本社の偉い人から命令が来るなんてことは普通ないですが、それがあった。そういう機会でしたよ。

篠田　今にして思うと、当時は今よりも盛り上がっていた。ＴＩＣＡＤでもアフリカ向けの援助を増やそうとしていました。われわれは経済大国で、実は常任理事国も狙っている、だからアフリカに行かないでどうするのだ、というのが正論でもありました。

そんな時代に、北岡先生が常任理事国入りの案件を担当するような形で、次席大使として国連に入った。中公新書でそのときの体験記を本にされていますが(北岡伸一『国連の政治力学――日本はどこにいるのか』)、結局なぜ常任理事国を取れなかったのか、いろんな言い方があって……。

白戸　短いバージョンで言えば。

篠田　一言で言えば、北岡先生の総括は、アフリカの票が取れなかったことだ、と。

白戸　そうでしたね。間近で見ていてよくわかりました。中国に全部ひっくり返された(本書一一六ページ以下参照)。

篠田　アフリカの票が取れなかったことがわかった瞬間、国連安全保障理事会の改革はなくなり、日本の常任理事国入りもなくなった。

もしアフリカ諸国がそれなりにまとまった形で、あるいはAUのコンセンサスとして、安保理改革の具体案はこれでいいじゃないかと言い出していたら、どうなっていたかわからなかった。

この結果が何を意味するのか。人によっては、ますますアフリカと仲よくしなきゃいけないことがわかった、と言う。われわれはそう総括しますよね。一方では、あんなにODAのお金を使っても、日本にそんなに冷たいならもう撤退するぞ、と言い出す人が出てくる。

ではどうすればいいのか。いまだにわからないところがある。三本柱の序列三位のからみで出てくるアフリカの位置づけの難しさです。当時と比べて日本が常任理事国になる可能性もだいぶ減りました。それでまた位置づけが難しくなっているところもあるかもしれません。

白戸　こういうことがあると、じゃあ日本はアフリカとつき合うのをやめようと喉元まで出かかりますが、それもなかなか言えない。

先ほど篠田さんがおっしゃったように日本の場合、日米同盟以外の外交というと、国連を舞台にしたマルチ外交しかないという状況になっています。

そうした中で国連外交を進めようとすると、相手はアフリカしかない。マルチの国連外交を捨て去ってしまうと、日米同盟しか残らない。ところが米国では、ドナルド・トランプのような人が大統領になることもあるわけです。そんな米国だけにぶら下がっているのは日本にとって極めてリスキーなので、そのリスクヘッジという意味での多国間外交はありだと思います。

†中国の存在感

白戸　もう一つ、日本の一般的なビジネスマンや普通の市民のアフリカに対する認識を変えたきっかけとして、アフリカにおける中国のプレゼンスの拡大という現実があると思います。先ほど二〇〇五年の安保理改革の話をしてくださいましたけれど、当時、私は新聞記者としてヨハネスブルクに駐在していて、国連におけるアフリカ諸国の票を、中国がオセロゲームのようにひっくり返すところを目の当たりにしました。当時の日本人の多くは気がついていなかったかもしれないけれど、私たちはこの時初めて、新しい時代が来ていると気づきました。

つまり、一九九〇年代の日本は世界一のODA供与国ですから、日本には金の力があった。だから、金をもってアフリカにアプローチすれば、彼らを動かせるかもしれないと思っていた面があった。しかし、現実にはそうではなかったことが、この時わかったのです。日本人は「金を出しても言うことをきかないならアフリカから手を引くぞ」と言いたいかもしれません。二〇年前ならば、アフリカの国々は「日本が援助を引いたら困る」と言ったでしょう。しかし、今ならば、アフリカの国々は「どうぞ手を引いてください」と言いかねない。

なぜなら、アフリカ開発の資金面の主役が、今では中国になっているからです。日本だけでなく、OECD（経済協力開発機構）のDAC（開発援助委員会）諸国、すなわち第二次世界大戦後の世界の開発の主役の座にあった国々ではなく、中国がアフリカ開発の主役の座にある。だから、仮に日本が「アフリカから手を引く」と言っても、極端に言えばアフリカの国は別に困らない状況になってしまっているわけです。

篠田　そうですね。

白戸　こうした状況には、日本人のナショナリズムを刺激するところがあるように思います。例えば、私が中国のアフリカにおけるプレゼンスの強さについて何かの記事を書くと、そんなに中国が頑張っているなら負けるわけにはいかない、という反応が何年か前までは結構ありました。「日本はもっとアフリカにコミットしろ」という、ナショナリズムに基づいた素朴な反応がありました。

最近は、日本人の思考はそこからもう一歩先に進んでいると思います。まず、多くの日本人が、人口も中国と日本はあまりに違うし、アフリカに供給できる資金額も中国にはかなわないということを認めていると思います。

しかし、日本政府としては、マルチ外交の柱を維持するために、アフリカにコミットしなければならない。だけどアフリカから「別に手を引きたければ引いてくださっていいですよ」と言われかねないぐらい、日本のアフリカとの貿易は少なく、援助も少なくなっている。おまけに少子高齢化で日本全体の国力が衰退している。そんな中で、どうやってマルチ外交の主戦場であるアフリカに対する外交を続けていくのかについて、真剣に知恵を絞らざるを得なくなっている。そうした状況の下で出てきているのが、「官から民へ」というキーワードです。政府による援助だけでなく、日本企業にアフリカにもっと投資してもらい、アフリカとの関係を強めようという考えです。

篠田 現状認識としては、そういう整理でいいでしょうね。

白戸 篠田さんに話をうかがいたいと思うのは、平和構築、国連PKO(平和維持活動)、対テロ戦争といった安全保障と平和構築の問題です。

†「二つの鎖国」

白戸 こういう話をしましょう。これも北岡伸一先生がお使いになっている言葉ですが、北岡先生は「日本には二つの鎖国がある」と言っています。一つは右の鎖国、もう一つは左の鎖国だと。僕は、これは今の日本を理解する上でのキーワードだと思っています。

どういうことかというと、まず右の鎖国というのは、今の日本に高まっている歪んだナショナリズムのことです。実際には排外主義に近い。日本はいかにすごい国であるかという本と、反中・嫌韓の本が同時に売れ、あるいはそういう言論がネット空間にあふれ、そういうことを言う言論人やタレントがもてはやされるという状況です。これは非常にまずい現象です。本来ならば、国であれ個人であれ、自分を常に厳しく律して、自分を見詰め直していかないと発展できないはずですが、今の日本の状況はどうもそうじゃない。「自分たちはすごいのだ」と言いながら中国や韓国をバカにする風潮がどんどん強くなっている。少子高齢化で国力が衰退していく中で、こうした右の鎖国メンタリティーが強くなっていることが非常に気になる、と北岡先生はおっしゃっています。ここまではよくわかりますね。

もう一つ北岡先生がおっしゃっていることがあります。それは、私がアフリカで新聞記者をやっていた時や、新聞社をやめた後に企業シンクタンクで研究員をやっていた時に感じていたことと同じことです。それは左の鎖国です。

私はアフリカで長く紛争取材をやっていました。紛争地に行くと、民間人が殺害されるような事態を回避するために、国連PKO部隊が武力行使せざるを得ないケースがあることがよくわかります。一九九二年以来、日本がずっと後生大事に守っているPKO参加五原則を適用しながら活動しているだけでは、アフリカの子供が武装勢力に虐殺されるような事態は防げないわけです。場合によってはPKO部隊に派遣されている自衛隊が自信を持って正当防衛・緊急避難的な武力行使をしなければ、武装勢力に子供が虐殺されるような事態が防げない。そういう現実がアフリカの各地にかつてあり、今もあります

ところが、こうした状況下における武装勢力への武力行使について、一九三〇〜四〇年代に日本がアジアや中国を侵略した戦争と一緒くたにして、「自衛隊の海外における武力行使は侵略への道を開くものだからだめだ」と言う人たちが日本にはいる。「憲法九条が禁じている」と金科玉条のごとく言って、子供を救うための正当防衛・緊急避難と侵略戦争を、全部一緒くたにしてしまう議論が、それなりにこの国ではまかり通っています。しかも庶民レベルだけではなく、アカデミズムやジャーナリズムの世界の知識人の間でも、それがまかり通っている現状がある。これはアフリカにいる時からすごくおかしいと思っていました。これが、北岡先生がおっしゃっている左の鎖国、つまり世界の現実を全く見ないで憲法解釈に立てこもる鎖国です。篠田さんはこの問題について、ご高著『ほんとうの憲法——戦後日本憲法学批判』（ちくま新書）で鋭く切り込んでおられますね。

篠田　ありがとうございます。

白戸　日本国憲法の前文にあるように、「平和を維持し、専制と隷従、圧迫と偏狭を地上から永遠に除去しようと努めてゐる国際社会において、名誉ある地位を占めたい」と思うならば、日本人は何をどうすればいいのか。アフリカの現実は、そうした問題を日本に突

き付けていると思うのです。それにどう答えるかを考えないままでは、憲法九条改正とか、国際社会における平和構築への関わり方の問題はうまく整理できないだろうと感じているのですが、いかがですか。

†中国と張り合うには無理がある

篠田 アフリカの話をもう少ししましょう。

先ほど話題になった右の鎖国と呼んだものにも関わるかもしれないのですが、二〇一八年現在の状況から考えると、まず第一に、中国のＧＤＰ（国内総生産）は日本の三倍くらいの規模になっていますね。

白戸 やがて四倍になりますね。

篠田 中国は、カップラーメンだけ持たせて飛行機借り切るような感じで人をアフリカに送っちゃったりする。一方で、日本だと相当に面倒な手間をかけている。そうなるとアフリカに入ってくるお金と人間の量が違って、それはＧＤＰの三倍などではきかないほどのプレゼンスなので、申し訳ない話ですが、アフリカで中国で張り合おうというのは、現実感覚としては対等にはいかないですよ。

ただ張り合うというのは、完全に正面から相撲を取って打ち負かすってことだけではありません。小さければ小さいものなりに頑張って自分の領域を守ったり、核心の部分だけは取りました、ということもあるんです。例えばノルウェーも、米国といろいろ競いながら、この分野ではノルウェーの方が比較優位だ、ということがありますしね。

白戸　そうですね。平和外交とかですね。

篠田　日本も全てのところで、アフリカでがっぷり四つに組んで中国と相撲を取って、横綱相撲で打ち負かすなんてことは考えられない。ならばより戦略的に中国のプレゼンスを計算して、アフリカにどうやって入っていくのかということを考えないといけない。

私も学生時代に初めてアフリカに行ってから、もう三〇年近く経つんですが、当時はエチオピアなど本当に貧しかったんです。社会主義の農業政策の失敗例みたいな国というのがエチオピアのイメージだったのですが、今やケニアをGDPで抜いたりして、正真正銘の大国になっている。

白戸　人口も一億人以上ですよね。

篠田　地域大国ですよね。もちろんAU（アフリカ連合）に対する影響力も非常に強い。なぜなのかを一言で総括すると、中国の存在が大きいのではないか、と言う方が多いんですね。私は経済学者でもないし、地域のことをきちんとウォッチしているわけではないですが、東アフリカでも特にエチオピアは、中国とも非常に政治的に仲がよく、中国が関心を持っている度合いも大きい。わかりやすく言うと、エチオピアで「僕は日本人です」と言っても、「それが何か?」っていう感じはちょっとあると思う。でも中国も、アフリカの全ての国に等しく大きな投資や関心を払っているわけではない。

白戸 できることでもありませんし。

篠田 それはやはりできないし、人間ですから濃淡があるのは当然なんですよ。アフリカ人の側でも、それをいいと思う場合と、正直あまりおもしろいことばかりではないと思う場合といろいろあるわけです。

†日本への期待が高いナイジェリア

篠田 例えば同じ地域大国でも、西アフリカに行くだけで雰囲気がちょっと違うというのが私の体感ですね。ナイジェリアに行くと、「日本人もうちょっと頑張ってくれ」という感じのことを言われますが、それはやはり中国のプレゼンスが高いからなんですね。プレゼンスは高いけれども、正直言って中国人は傲慢《ごうまん》だという感じがあるようです。つまりは超大国なのですよ。もっともアメリカも傲慢だというくらいの程度の傲慢さなのですが。

ナイジェリアも人口二億人近い地域大国ですから、中国とはもちろん仲よくやっていくし、お金をくれるのならうれしいけれども、是々非々でやりたいという気持ちが、彼らにはあるんです。日本とも実は長期的で建設的な関係を組んで、仮に中国との比率が三対一でもいいから、日本も中国と張り合ってもらうことで、ナイジェリアの利益になるならいいじゃないかという、中国のプレゼンスを幾分相殺《いくぶんそうさい》するような形で日本を見るような視点もある。日本にもっとやってほしい、という気持ちがあるんですね。

白戸　アフリカの国々にも、リスクヘッジしておきたいと考える指導者はたくさんいます。中国に全面依存するのは、あまりにリスキーだと。

篠田　怖いですよ。

西アフリカの場合、ヨーロッパ諸国とのつき合いも骨太だし、日常的な貿易なども多いですから、中国べったりでいけるかというと、必然的に軋轢《あつれき》が来るわけです。でもヨーロッパ対中国の代理戦争をナイジェリアでやってくれと言うわけにもいかず、日本も頑張ってくれるのならいいじゃないか、それなら世の中がなんとなく国際的になって中和されてくるから、という感覚ですね。そう言ってくれる土壌や言ってくれる人たち、具体的な政府あるいは組織を見つけていって、コツコツとかつ戦略的に土台をつくっていくことが大事です。

白戸　量で競うのではない、ということですね。

篠田　そうですね。効率性、すごく抽象的に言えば戦略性というものの見極めが、これからは今まで以上に問われる。大学でもそうですね。

†「日本びいき」を育てるのも「支援」

篠田　私は、国連のPKOが唯一成功したと言われているシエラレオネに何度も行っていて、平和紛争学部のあるシエラレオネ大学フォーラー・ベイ・カレッジからの留学生の受け入れ先になったりしています。

大学院生で私が指導したシエラレオネ人は一〇人ぐらいなんですが、それでもシエラレオネ人は時々お世辞のようなことを言ってくれます。

そんな彼らが、中国からの寄付で成り立ったある会議に出席すると、中国人が中国語で長々とスピーチしていた。すると、中国語なんて誰もわからないから苦痛なんじゃないかと思うけど、とつぶやいたりすると、変に気にして「ごめん、ごめん、私は親日家よ」みたいなことを言ってきたりする。

大学は、中国からの寄付金を、もちろんもらいます。でも日本人が奨学金を世話してくれるのであればぜひお願いしたい、というのが普通の感覚なんです。そういう感覚の中で、例えば中国人がビルを建て、日本人が奨学金を出すというような組み合わせがあれば、シエラレオネ人にとってはすごく利益になる。日本人も無理してビルを建てる必要もないですしね。

白戸　それでいいと思います。親日家を育てたということで。

篠田　そんな学生の一人が、シエラレオネにジュリウス・マーダ・ビオ政権ができた時、観光文化大臣に就任したメムナツ・プラットさん。彼女は前職が、先にお話ししたシエラレオネ大学フォーラー・ベイ・カレッジの平和紛争学部長でした。就任後は日本の大臣や副大臣が来ることも増えたようで、本人も喜んでいます。彼女の後任の学部長には、私の指導下で日本で博士号を取得した元留学生が就きました。彼女はまさに、シエラレオネ政府の中の親日家です。

白戸　アフリカへ行くとそういう人、いますよね。

篠田　中国人は彼女のところにはあまり行っていないと思いますが、シエラレオネ全体から見ても、一人の大臣が親日家であることは悪いことではない。

むしろそういうところに、戦略的に入り込んでいく糸口を見つけていくことがすごく重要です。「官から民へ」というキーワードも全くそのとおりで、ODA（政府開発援助）を総額いくらにする、ということだけが援助ではないという意味では、まさに民間のイニシアチブや実績も活用していくべきだと思います。

言い方を変えれば、公的な支援も、より一層投資の考え方を強めて、戦略的に資源の集中と選択で進めていくことが重要でしょう。全面撤退か、あるいは総額を中国と競い合うかという選択ではない、ということだろうと思います。

白戸 なるほど。

篠田 関連した話をもう少しすると、一〇年ほど前になりますか、TICADⅣ（第四回アフリカ開発会議）の時です。

白戸 TICADⅣが開かれたのは二〇〇八年、福田康夫首相の時ですね。

†外務省内でも認知度の低い対アフリカ支援

篠田 そもそも、アフリカのピースキーピングのキャパシティーを高める、アフリカ自身の平和構築能力を高めるという国際的なコンセンサスがあり、米国も、欧州諸国も、国連もそれに沿って活動しています。

そんな中、日本もその波に乗ろうとしたのが二〇〇八年、TICADⅣの時なんですね。つまりPKO（平和維持活動）センターに援助することにした。でも一件につき一億円とか二億円とか、標準的なODAの世界と比べたら、非常に小さい。

資金を拠出した先は、エジプトのPKOセンター、ガーナのコフィ・アナン国際平和維持訓練センター、ナイジェリアの国防大学の中にある研修機能を持つ戦略研究センターなどで、AU（アフリカ連合）やECOWAS（西アフリカ諸国経済共同体）の要所なんです。ECOWASは我々の業界の感覚からいうと、AUよりも実績があったりする。

白戸　ECOWASはナイジェリアが中心になって構成されている経済共同体ですが、ピースキーピングの活動でも地域の主体になっているんですね。

篠田　そうですね。その中核がナイジェリア。東アフリカではケニアが有力な大国で、盟主と言いたいところですが、ちょっと怪しい。

白戸　ケニアを中心とする東アフリカの国々はECOWASのようには活動できていませんね。ケニアを含む東アフリカ七カ国でつくるIGAD（政府間開発機構）が一生懸命、南スーダン問題を政治的に解決しようとしているけれども、軍事的には機能していません。確かにケニアはナイジェリアのような大国ではありません。

篠田　私の感覚では、エジプトでは非常に反応がいいですね。かなり本気で日本政府のことをありがたがっている。CCCPA（カイロ紛争解決平和構築センター）というのがエジプトにありますが、これはブトロス・ブトロス・ガリが国連事務総長だった時代に、エジプト政府が頑張ってつくったものです。ところが、ガリが米国の拒否権発動で再選を阻まれて以来、CCCPAは開店休業状態にあった。それを日本政府がお金をつけてあげたので、現在は再開したような形になっているんです。

このように、エジプトとか西アフリカの日本に対する反応はいいので、このあたりは我々から見ても、要所に入り込んでいるように思えます。ただ、外務省の中でこうしたプロジェクトを担当しているのがたった一人だったりする。違う課に行くと「そういうことを外務省がやっているんですか」と言うから、「あなた外務省の役人なのに、何を言い出すんですか。あなたたちがやっているんですよ」と言うぐらいに、省内ですら認知度が低いんです。

白戸　地味ですからね。

篠田　だから、「そうは言ってもちゃんと入り込んでいるんだから、これをもっと頑張って発展させたり、彼らとのパートナーシップをさらに強化するための追加措置を取るみたいなことはしないんですか」と違う課のキャリア職員に聞くわけですよ。すると、「あなたは学者だからそういうことずっと言っているんでしょう」みたいな反応だけという、とてももったいない状況にあります。

†PKOでも中国とは張り合えない

篠田　PKOの業界も、中国は国連PKOに二五〇〇人も出していて、DPO（国連平和活動局）の局長ポストを狙っているというのが、ここ数年もっぱらの噂になっています。

ヨーロッパ人は、中国にはそんな人材はいないと言うけれども、人口がとてつもなく多いわけですからね、五年か一〇年もすれば、人材の一人や二人くらいつくってくるでしょう。すでに戦略的な人材の準備も相当に進めていますから。

なので、PKO分野で中国と張り合うのは正直、かなり難しい。ほぼ不可能ですね。一〇年ぐらいかけて張り合うとかならば、もちろん理論上は不可能ではないですよ。でも来年あたりには張り合う、なんてことはちょっと無理なんですね。だとすれば、PKOもパッケージではなく、PKOのトレーニングセンターへのキャパシティ・ビルディング（＝能力向上）ではこういうふうにやっている。またロジスティクスの面で日本は関心があって特に力を入れてやってきたので、それを発展させて、UAV（無人航空機）担当してます、救護部隊を提供していますとか、玄人《くろうと》受けする差異性が見える活動の方向を目指した方がいいと思うんです。地味と言われれば地味かもしれないけれど、なかなか考えてやっているじゃないかと思ってもらえる活動をもっとやっていかないといけないと思うんですね。PKOでは中国に張り合えないと同時に、そもそも日本はPKOに次にいつ送れるのかもわからない状況ですから。

白戸　今、全世界に展開している国連PKO活動は一四ぐらいですか。そのうち、アフリカ大陸に展開しているのは七つか八つですかね。

篠田　そういう言い方もできますが、私がよく言うのは、二一世紀になってからできたPKOオペレーションはほぼ全てアフリカだ、ということです。一万人以上の規模を有しているものもほぼ全てアフリカなんですね。逆に小さいオペレーションはもうアフリカにはなくて、他の地域では一〇〇〇人といった小規模のものばかりです。

白戸　停戦監視とか司令部機能のみのような小規模の活動ですね。

篠田　キプロス、カシミール、ゴラン高原など、抜けられないから抜けていないだけです。

白戸　もう数十年に渡ってルーティン化しているようなPKOですよね。

篠田　特に何かが起こっているわけではないので、見ているだけです。じゃあ撤退させるかというと、そういうわけにはいかないのですが。

†アフリカは国連PKOの主戦場

白戸　アフリカが国連PKOの主戦場であるということに話を戻すと、左の鎖国の問題を考えなければなりません。日本が世界の平和構築にどう関わっていくのか、そこに自衛隊を絡ませるのか絡ませないのか、そのために憲法九条をどうするのか、という問題は、アフリカの現実にどう向き合うのかという問題と密接にリンクしていると思います。

篠田　憲法の前文をストレートに読めば、日本は世界の平和に積極的に貢献したいわけですよ。だけど、国連ＰＫＯをやると軍国主義になるというのは、どう考えてもつじつまの合わない話なのです。そのことは本にも書いていますし、私には当たり前のことでいつも話していることでもありますが、ここまでの話とつなげて言うと、国連の平和活動の主戦場はアフリカです。ほぼ八割ぐらいのＰＫＯ要員と予算をアフリカに投入しているというのが基本的な構図なんですね。

アフリカで国連のＰＫＯ活動が多くて、その国連は日本外交三本柱の一応三番目に入っている。それで日本は国連外交を頑張っていますよと言いながら、実はＰＫＯ活動が一番多いアフリカには行きたくない。平和には貢献したいと言いながら、でもアフリカの国連ＰＫＯはやりたくない、しかしこれは、どう考えてもつじつまが合わない。

白戸　危ないから行きたくない。憲法があるから自衛隊を出したくない。それは手足も何も出さないで言っているだけ、ということになってしまう。

篠田　だから、日本人で三本柱をやめて二本柱にしようという議論をしない限りは、何かやっていないとおかしいですよね。

白戸　ＰＫＯへの自衛隊派遣は高度に政治的な問題ですしね。

篠田　高度ということとはちょっと違うかもしれません。むしろ非常に低次元な政治ですよ。

白戸　そうか（笑）。

†世界の現実と関わらない「鎖国性」

白戸　おもしろいのは、日本が右傾化しているという批判が社会にあって、それだけなら右の鎖国が進んでいるように見えるわけですが、実は今の日本では、左の鎖国も同時に進んでいるということです。それはアフリカにおける日本の平和構築への関わり方、ＰＫＯへの自衛隊派遣の問題を見ていると、今の日本で左の鎖国が相当進んでいるということがよく見えてきます。

アフリカの地域研究をしていてわかるのは、日本の今の姿です。それは単に日本が国粋主義化、愛国主義化していたり、あるいは韓国や中国を蔑《さげす》んだりするような、排外的な国になっているという鎖国だけではない。国連ＰＫＯに対する態度に見られるような、すごく古い憲法観に自分を縛りつけて、世界の現実と関わらないでいようとする鎖国。そう言う日本の姿が、アフリカの問題を見ていると非常によく見えてくるんですよ。

篠田　私は二四歳の時に、「難民を助ける会」というＮＧＯ（非政府組織）に出入りしていたつながりもあって、国連ＰＫＯに最後二カ月弱ほど派遣してもらったんです。ＵＮＴＡＣ（国連カンボジア暫定統治機構）というカンボジアのオペレーションでした。当時は、Ｐ

KO法が一九九二年にできて、冷戦も終わったばかりの頃で、私自身も個人的に若かった。時代は変わっているんだ、という意識が自分の根っこにあったので、その体験を私はちょっと楽しむことができたんです。ところがそれから二五年経っても、状況がまったく変わっていない。

白戸　下手すると、もっと悪くなっているかもしれないですね。ますます鎖国性が強まっているかもしれない。

それこそ、一九九二年から現在までの間に国連PKOそのものが変質し、PKO活動の原則も紛争地の現実に合わせてきたという世界の流れがあるにもかかわらず、まるで冷凍保存でもしていたかのように、四半世紀前の原則をいまだに柱にして、今なお国連PKOに自衛隊が行くのか行かないのか、何ができるかできないのかといった議論の整理すらついていない。だから、南スーダン派遣自衛隊の日報問題でウソも出てくるんだ、というのが私の認識です。

篠田　まったくそうですよ。

†閉塞した日本社会

白戸　官僚機構の問題や稲田朋美防衛大臣（当時）の資質の問題とは別に、構造的な問題として、南スーダンというアフリカの大地に日本が自衛隊を送ったことによってさらけ出されたこととは何か。それは結局、二五年前に議論したことが根本的には整理されていないので、ウソの上塗りを重ねに重ねた結果として出てきた日報問題、ということだと思いますね。

篠田 まったくそのとおりなんですね。二五年前であれば、そうは言ってもPKOにはこういういいところがあるとか、日本も参加したらこういう意義があるじゃないか、という気持ちになっていたんですが。

白戸 東西冷戦も終わったことだし、新しい時代が来るというような時代背景があった。

篠田 あの当時、私自身もおもしろみを感じていたし、今も二五年前に話題にしたことをもう一度言ってはさまざまな議論もあったわけですが、PKO参加や憲法九条問題についてのもほとんどインセンティブがなくて、これはもうだめだと言うか、閉塞感としか言いようがないものをすごく強く感じています。

一応私の専門は平和構築ですが、その話を日本人にしても、関係のないところで関係のないことをやっているだけのように思われる。だから遠い国の平和のことについて、日本人は話し合っているように見えても、実は何も話し合っていないということをすごく感じる。南スーダンから撤収した時もそうだし、安保法制の時も駆けつけ警護の議論とかありましたが、見ていても、自分自身は言う気力がわかない。むしろ、なぜ日本社会はこんな閉塞状況に陥ってしまったのかということにますます関心をかき立てられるようになって、集団的自衛権や憲法問題の話をするようになったんですね。ここから話をしないと、PKOの当たり前の話とかする気にもならない。

白戸　少なくても日本国内においては、ですね。

†スキャンダルに矮小化された「南スーダン撤退」

篠田　そういう状況だっていうことですね。同じようなことを別の観点で言うと、閉塞感もきわまって、南スーダンから自衛隊の部隊が撤収して、いつまた再派遣があるかまったくわからない状態ですから、何か言いたいこと言うなら今かな、と思っています。官僚の中には、「ただでさえ現状ではPKOに送れないのに、あなたまでそんなこと言ったらますます送れなくなる」と言うんですが、私が何を言おうと送れないものは送れないわけで、この機会にもうちょっと膿《うみ》を出すような作業をもっとした方がいいんじゃないか、ということを結構いろんな人には言っていますね。

もう一言言うと、南スーダンからあんな形で撤収しているようでは、お先真っ暗。日本人は、南スーダンみたいなひどいところではなく、もっと楽ちんでアジアに近いところはないのか、と考えていると思うんですが。

白戸 今のアジアに国連PKOを必要としている国などありませんよ。

篠田 そう、ないんです。ないのに、我々の政府は国連中心外交で平和主義国家で、国連PKOもがんがんやりたいんだと言ってしまっている。だけど、そんな場所はない。南スーダンでできなかったら、他に派遣できるところなどないという現実をもっと冷静に考えてほしいんですが、現実逃避をしているとしか思えない。もっとも左の運動家の方はこれでいいんだと思っているのでしょうけれども。

我々の感覚からしたら、南スーダンは国連の中でも力を入れており、正直、マリや中央アフリカ共和国のほうが、ハードです。中国人はそういう場所で殉職していますから。

白戸 マリでの国連PKOの殉職者は、すごい数ですよね。マリは南スーダンと違って、アルカイダ系やIS（イスラム国）系といったテロ組織もいるわけだから。

篠田 中国人はちゃんとマリのMINUSMA（国連マリ多元統合安定化ミッション）を支えていますよ。ところが日本は、南スーダンがあまりにも激し過ぎて、怖くなって逃げてきましたというのはやはり……。

白戸 南スーダンの現状を言うと、治安悪化の状況は何も変わっていない。そもそも南スーダンには、我々がイメージする近代国家は形成されてもいない。そういう状況なので、世界中の国々が今の国連PKOの旗の下で必死に活動している。ところが日本だけが、そこから抜け出した。

ところが、この日本だけ「抜けた」という事実について、日本メディアがどういう焦点の当て方をしているかというと、日報問題という、ある種のスキャンダルとしか捉えていない。今やその日報のニュースも主要メディアからは消えてしまった。すごいですよね、この状況は。南スーダン問題があぶり出す、日本のガラパゴス化。北岡伸一先生の言葉で言えば、これが左の鎖国なのかな。

篠田　国連は南スーダンでとにかく頑張ることで、国際社会のある種の再生を目指しています。頑張ってこれだけの成果を上げたということを見せられなかったら、国連の存在価値が疑われるんです。

南スーダンはそういう場所なんだという認識を、日本も知らないわけではないはずです。でも南スーダンへの対応を見ると、それがウソのような、日本外交の三本目の柱と言いながら薄っぺらなことしかしていないという現実があぶり出されてきた。じゃあ三本目の柱は捨てるんですか、いや、捨てられない。ならばPKOやるんですか、やれないでしょう、という。

白戸　結局、日本の国内政治の話になってしまう（笑）。

篠田　日本の閉塞化という状況が生まれているということが、まさにアフリカからあぶり出されてくるというのは、確かにそのとおりなんですよ。

白戸　篠田さんが、アフリカに対する投資や援助の関わり方について「選択と集中」の事例として、シエラレオネの学生の話をしてくださいました。

確かに、日本の対アフリカ外交というと、ＴＩＣＡＤ（アフリカ開発会議）にばかり焦点が当たりますが、それとは別に、特に安倍政権になってからむしろ積極的に進めているアフリカ外交の好例は、「ＡＢＥイニシアティブ」に代表される、留学生招致です。これは大体三年間で一〇〇〇人ほど、日本側が金を出して、日本の大学に学生を招く。日本企業でも研修する。私も三井物産戦略研究所にいたころ、研修の講師として来日した人々の相手をしたことがあります。この枠組みで来日しているアフリカの留学生は、京都にもたくさんいます。

†留学生招致の「その先」がない

白戸　これは見事だと思うんですよ。安倍政権のイデオロギー的性格がどうかということに関係なく、純粋にプラクティカルな外交成果の一つだと思います。日本の援助原資が限られている中で、親日家、プロジャパンな人を増やしていく有効な援助ツールだと思う。

ところが、その先にもう一つ残念な問題があります。それは、せっかく一〇〇〇人の学生をアフリカから招いても、彼らがその後日本のために働きたくてもその場所がないことです。これは日本側の問題です。

篠田さんも大学教員だからこういうご経験もおありだと思うんですが、ABEイニシアティブの留学生たちは私にこんな話をよくしてくれます。「せっかく日本のお金で日本に来て勉強させてもらったんだから、この一年なり二年のABEイニシアティブの留学期間が終わった後も日本とずっと関わり続けたい。日本語も一生懸命勉強した。どこか働ける企業はないか」と。ところが、これは私も企業にいた人間だからよくわかるんですが、日本企業は基本的には留学生をほぼ採りません。採ったとしてもキャリア採用しない。ここには、日本の制度というより、恐らく文化とかメンタリティーまでを含む同質性社会というか、ホモジニアスな社会の問題が関係していると思います。

篠田　そうですね。

白戸　本来ならば、日本企業がアフリカでビジネスをしたいのであれば、ABEイニシアティブで学んだような親日家の学生たち、日本のこともアフリカの自分たちの国のこともわかっている学生に、現地における水先案内人になってもらうべきです。できれば、彼らの会社の中におけるキャリアの道筋も、日本人社員と同じように設計してあげるのが理想的です。同じアジアの中でも、香港やシンガポールの企業だったら、もう少しそのへんをきちんとやっているだろうと思う。しかし、日本企業は残念ながらそうではない。

日本の会社、特に大企業の役員会は、基本的には日本人のおじさんで占められています。おためごかしに女性役員が一人か二人いることはあっても、基本的には日本人のおじさんの世界。まさに、アフリカがあぶり出す日本の問題というところで言うと、これも日本のガラパゴス化の一つです。

アフリカの国々はなぜ近年、こんなに経済発展しているのか。いろんな理由がありますが、その一つに、アフリカのインテリは、必ずしもアフリカの大学で勉強した人ばかりではない、ということがあります。つまり、海外留学組がどんどん自国に戻ってきて、スタートアップ企業をつくって起業しているという現実があるわけです。その意味では、アフリカのほうが日本よりグローバル化している、とも言えると思うんです。

篠田　それはそのとおりだと思いますね。

白戸　ところが日本はガラパゴス化が著しく、文化的な閉塞性が、ABEイニシアティブの学生たちの就職問題一つを見ていてもわかる。それから、アフリカが国連PKO（平和維持活動）の主戦場であるにもかかわらず、そこに人を派遣しないで、一方でマルチ主義、国連中心主義の外交は維持したいと言う。これもガラパゴス化ですよ。簡単に解決策や処方策がない問題だというのはわかっていますが、アフリカとつき合うことであぶり出される日本のガラパゴス化というか鎖国性。これは、どうしたらいいと思いますか。

†積極的な民間の登用と活用を

篠田　私は民間企業勤めがないので、ちょっとおこがましいと思いながらもお話ししますと、留学生制度が有効な可能性を秘めているということは私もすごく感じるんですね。

そこで留学について まず第一に思うのは、奨学金を動かしているのは各国の大使館にいるある一人の大使館員で、大体は文部科学省から出向している人物だったりもするということです。ところが、外務省と文部科学省の出向者の間には、コミュニケーションがほとんどないというのが現実なんです。

白戸　大使館の中では、出身省庁によって担務が完全に分かれていますからね。

篠田　ええ。外務官僚は、そのポストは文科省のものだ、という理解しかないですから、奨学金の案件は文科省から来た出向者がやっている。外務官僚は「我々、知らないですよ。なんでそんなこと我々に聞くんですか」と堂々と反応するのが普通のメンタリティーなんです。

こういう実態から考えると、政府がもっと戦略的に奨学金の運用や、その後の活用も考えるべきではないかと、非常に総論的な結論が出るんです。だけど、文部科学省と外務省がワーキンググループみたいなのをつくるだけでは全然足りなくて、今おっしゃっていた、プライベートセクターとの関わりですよね。

白戸　つまり民間企業。

篠田　例えば日本人を留学させるスキームとして、今「トビタテ!」というものがあり、民間企業が入って動かしていますね。これはすごくいい。私はよく、奨学金の推薦状を書くんですよ。「トビタテ!」宛てにね。

白戸　私も、推薦状を最近一通書きました(笑)。

篠田　学生は留学が終わった後に就職活動に行きますから、アフリカに一年行ったら、もうお前就職できないよと言われると困るんですよ。

白戸　とても困りますよね。

篠田　それは親がまず反対するとか、そういう事情も含めて困るんだけど、企業が留学に介在するだけで、ひょっとしたら日本の企業の中にも、自分がアフリカで一年学んだことを認めて評価するところもあるかもしれない、という気持ちになれる。私もそのことを真剣に考えてプロポーザルを書くし、推薦状を書く。それが審査員にうまく伝われば、ちゃんと奨学金の合格を出してくれるんですよ。たとえルワンダに行きたい、と言ったとしてもです。

こういう考え方を延長させれば文科省、ＭＥＸＴと言いますが、その運用に民間企業の人を入れるということなんですよね。採用の段階から、これはいいということを民間企業の人に言わせる。ここは成長分野だから、この分野をやりたいという学生をどんどん日本に送るべきだ、と。

白戸　アフリカから人を採る時も、ですね。

†普通の発想を普通に

篠田　企業の人に、成長分野について抽象的には教えてもらっていますが、紙の上でＩＴ（情報技術）がいいとか言うだけではあまり指針にならないから、いい面構えの彼がやりたいという分野を日本でやらせよう、と企業家に言わせる。そのための委員会をつくってもいいんです。

もっと言うなら、文部科学省の留学生セクションに民間の人間を一年とか二年ローテーションでいいので雇って、文部科学省の職員として、奨学金の運用に当たらせるとかもいい。あるいは文科省の人が民間企業に出向して様子を探り、その上で奨学金を動かすようにすればいい。そういう人的流動性が難しいというなら、委員会を組んで運用面から入ってもらう。例えばケニアの奨学金なら、ケニアで活躍している民間企業の方に奨学金委員会に入ってもらうとかですね。

白戸 今はまだ、そうはなっていませんね。

篠田 文科省の聖域になっている。民間企業を入れるどころか、外務省の「が」の字も聞きたくない、と。

白戸 ＡＢＥイニシアティブはアフリカ人留学生を呼ぶプログラムですが、これも文科省担当だから、残念ながら日本の企業社会とはつながっていない。

篠田 霞が関の中同士でさえもつながっていないぐらいですから、民間企業とつながるなんて至難の業なんでしょうね。

白戸 今のところ、ほんの少し研修に来るだけですね。

篠田 首相候補と言われるような外務大臣と、あまりいませんが同様の文科大臣が「やりましょう」と言ったら簡単に実現できることなんですよ。でもそういうふうに考えている政治家がいない。みなさんただ惰性で仕事をしているばかりで、本当は誰かが「やるべき」「やる」と言い出したら、実はできることだと私は思うんです。

民間企業の閉塞性については、民間企業は利益を追求しているわけなので、その路線の中に留学生が置かれるのか置かれないのか、ということ。全く置かれる要素がないということはないはずですよ。

白戸　それが利益になるという構図ができた時には、民間企業は動くでしょうね。企業は結局、全ては自社の利益で動いていますから。

篠田　企業は、日本人の理科系の大学院生には奨学金を払い、卒業のあかつきにはうちに来なさいといったことを長年やっているわけですよね。それを留学生に対しては絶対にやらない、ということはないと思うんです。民間企業の人を加え、文部科学省の役人も現実離れしたことを言わないで、きちんと人を採るという、考えてみれば普通の発想のことを普通にやれ、ということなんですけどね。

同様のことがいろんな分野にあると思います。それらを一つ一つ、戦略的にやっていく。留学生プログラムなど適当な予算がついていたりするのですが、それをもっとうまく活用していく術を考えると、薄っぺらな国連中心外交ではなく、日本が実際に二国間でやっていることを基盤にして国連との連動ができる。国連外交の発展性が、顔が見える形で出てくるのではないかと、すごく思いますね。

†「一帯一路」とは

篠田　ところで、アフリカのことで重要なキーワードを拾っておきたい。「一帯一路」ですね。

白戸　まず、アフリカと一帯一路について事実関係を整理しましょう。一帯一路がぼんやりとした構想として姿を現したのは二〇一三年ごろですが、一般的に中国が明確に言い出したのは二〇一五年だと言われています。そして中国は、二〇一七年には「一帯一路フォーラム」を開いています。しかし、アフリカとの関係でいうと、中国は二〇一八年になるまで、「我々はアフリカで一帯一路を進めています」ということを明確に言ったことはなかったんですね。

中国政府が一帯一路とアフリカの関係を公式の場で初めて明確にしたのが、二〇一八年の九月に北京で開かれたFOCACⅦ（第七回中国・アフリカ協力フォーラム）の場においてでした。FOCACは二〇〇〇年から三年に一度のペースで、アフリカと中国で交互に開催されており、前回二〇一五年のFOCACⅥは南アフリカで開催されました。今回は北京でしたが、ここで習近平《しゅうきんぺい》中国国家主席が、アフリカも一帯一路の一部であり、関わりがあるということを初めて公式宣言した。つまり中国とアフリカの関係は、関係強化という事実が先行し、後付け的に一帯一路というキーワードをあてはめたようなところがあります。

中国の対アフリカ貿易総額は二〇〇〇年代に入ってからの一八年間で、二〇倍ぐらいに拡大しています。今や中国は、輸出入の両面で、国別ではアフリカ全体に対する最大の貿易相手国になっています。

投資の面で見ると、対アフリカ投資の累積総額はフランスが六〇〇億ドルを超えて世界最大であり、米国が五〇〇億ドルを超えています。しかし、最近知ったデータでは、中国の対アフリカ投資の累積総額は既に四〇〇億ドルを超えているようです。しかもアフリカにおけるインフラ整備に限ってみれば、中国が最大の資金供給国になっています。最も活発に資金を供給しているのは、港、鉄道、飛行場など輸送インフラの分野です。中国がアフリカの輸送インフラの充実を図り、インド洋近海とアフリカをつなごうとしていることは明白な事実です。

そしてようやく二〇一八年、習近平主席が一帯一路とアフリカの関係を公式に宣言し、なおかつ今後三年間で六〇〇億ドルのアフリカ向け支援を表明した。ここまでが事実関係です。

篠田さんは、アフリカと一帯一路の関係についてどう考えておられますか。

†対抗して登場したインド太平洋戦略

篠田　中国は統制的な国家体制ですから、一つの戦略が定まると、非常に体系性のある形で、多くの人たちがそのように動いていく。

白戸　そうですね。

篠田　一帯一路は、天然資源を確保しながら、中国の影響力を戦略的に重要性の高いところから広げていくという考えなのですが、アフリカがその終結点として出てきているわけです。

たとえば一帯一路の帯がエチオピアまで届かないと宙ぶらりんな構想になってしまうので、ここまでやる必要があるんですね。そこを押さえられなければ東アフリカ全域、要するにアフリカの角（アフリカ大陸東端のソマリア全域とエチオピアの一部などを占める半島）が曖昧《あいまい》になってしまうということになる。また、中東へのアクセスを確保するためにも、東アフリカに影響力を持つことが中国には必要なんです。ジブチに軍事基地を持つのも全部同じ発想なのでしょうが、こんなことは非常に単純明快な話じゃないですか、という感じで進出していくわけです。

日本の場合は、憲法九条など余計なことを考えているだけ。一方で中国人は、アフリカに戦略的な利益を見いだして、それを国家政策の最も大きな看板にして、体系性のある形で進んできているという印象があります。

そんな日本でしたが、安倍晋三首相は「自由で開かれたインド太平洋戦略」を提唱しました。ドナルド・トランプ米大統領もこれはいいということで、国家安全保障戦略の中でインドパシフィックリージョンをヨーロッパの前に持ってきた。つまりインド太平洋戦略は米国にとっても重要なものなんです。

なぜ重要か、一番わかりやすく言えば、中国の影響力がユーラシア大陸からアフリカにかけて、我々が全く関与できない形で広がり続けていることを、黙って見つめているわけにはいかないという認識があるからです。その裏返しがインド太平洋戦略です。

†「真珠の首飾り」で圧迫

篠田　こうして中国と米国のせめぎ合いが、一帯一路対インド太平洋戦略という構図となる中で、そのど真ん中にあるのがインドです。経済成長は著しく、中国とそんなに仲はよくないものの、全面対立はしないように避けていて、意外とうまく紛争緩和をしている。そこに目をつけて、インド太平洋という言葉で米国、日本、オーストラリアと同じつながりの中にインドがあるということを言っているわけですが、これはインドをかなり持ち上げているか、実態よりもこちら側に引き寄せて言っている感じですよね。でもインドがそれを拒絶しないのは、中国とはケンカできないけれども警戒はしているという状況で、インド太平洋戦略の中で重要だと言ってくれるのなら、中国と全面対立しない限りはいいんじゃないか、と考えているところがあるからだと思いますね。

日本人も、インドが完全に、米国と同等の同盟国になるなどとは思っていない。だけども、あらゆる手段を駆使してインドに接近するという戦略的な位置づけをしています。中国もインドに対しては、ほかの国と同列に扱えないから、大国としてつき合っているわけですが、問題はその周辺部ですよね。一帯一路の中核部分である「真珠の首飾り」（パキスタン、スリランカ、バングラデシュ、モルディブ、ソマリアなど、インド周辺の海空路を押さえる中国の戦略）と言われている部分。ここに入っている国は大変ですよ。スリランカとかモルディブとか。

白戸　二〇一八年の大統領選挙で政権が親中派からインド派にひっくり返ったのはモルディブでしたか。

篠田　そうです。政争みたいなことをやっている。

スリランカも似たような感じですね。マヒンダ・ラージャパクサという大統領は、ノルウェー人が世界の紛争解決の理論にもとづいて調停に入ったのを、そんなことは役に立たないと、中国から武器を大量に買って、戦争を武器で終わりにするというやり方で、内戦を本当に終わりにしてしまった。ところが、ラージャパクサが勝ち過ぎると、国内で不満が高まって、大統領選挙で野党連合に負けてしまうわけです。

そして現政権が引き継いでみると、ラージャパクサ前政権が遺した契約で、ハンバントタという港を九九年間、中国に租借させなければならなくなっていることがわかった。

まさにこれが中国の「真珠の首飾り」なんですね。インド自体を押さえられなくても、真珠の首飾りである周辺部分を押さえれば、インド洋へのアクセスは基本的に確保できる。あるいはインドそのものを封じ込めることができるという大きな見取り図のもとに、中国は小国に対する圧力をすごくかけているわけです。スリランカぐらいだとそのプレッシャーをまともに受けるんだけれども、受け過ぎて親中派の評判が悪くなり、選挙に負けたりする。こうなるともう、国内政争や選挙の動向が中国との関係で振り回される。

白戸　国内の政局と中国、インドとの外交関係とが結びついてしまうんだ。

†プレゼンス確保は「南スーダン安定」への貢献で

篠田　親中派と中国と距離を置きたいと考える政党とが戦うという構図は出てきていますね。モルディブもそうだし、バングラデシュなども似たような構図になっています。この大きな構図が、ユーラシア大陸の外周部分、一帯一路とインド太平洋がせめぎ合う部分では、国内政治も完全にその構図で行われているっていうところがあるわけです。

これがアフリカまで来ると、もともと独裁体制というか……。

白戸　強権体制ね。

篠田　たとえばエチオピアの政権基盤がどのくらい強いのかということについて、地域の専門家に聞くと「いや、あんなものは」と言う人と「そんなに簡単には倒れないです」とで意見が分かれるんでしょうけれども。ただ、いざとなったらデモ隊に何人か死者が出るようなことをやっている国ですからね。

白戸　現実には実弾射撃して、死傷者が出ていますね。

篠田　表現は難しいですけど、やや強権的な体制を取りながら政権を維持しているところに中国との関係が役に立つのであれば、それでどんどん進むわけですが、総合的に見ると、その体制がどのぐらい続くのかという評価にもなってくる。ケニアのように民主的な土壌が多少はある国になると、ある程度は是々非々みたいな考え方が出てくるかもしれないし。

私が、日本が南スーダンに入ったほうがいいというのには理由があります。南スーダンはＩＧＡＤ（政府間開発機構＝東アフリカのケニア、スーダン、ウガンダ、エチオピア、エリトリア、ジブチ、ソマリアが加盟する地域機構）が調停をしていて、それは東アフリカ諸国が自分たちのバイタルインタレスト（死活的利益）が南スーダンの安定にあると考えているからです。エチオピアが日本人に入ってきてくれと言わない場合でも、ＩＧＡＤ構成諸国が一〇〇％中国寄りで固まっているのでなければ、日本も引き続き関与して、南スーダンの安定に貢献し、南スーダンが東アフリカ諸国と仲よくする国になれば、それはそれで我々としてもうれしいんだというところで、日本のプレゼンスを確保できる、足場ができると思うんです。

ジブチも似たような状況で、日本も基地を持っているんだけど、「中国と比べたら、我々の基地なんて小さくて」と自衛隊の人は言うんですよね。

白戸　ジブチには米中日仏の基地があります。

篠田　基地を置いている以上、本当に忘れられたら困る。基地が小さい割には頑張ってますよ、ぐらいには評価してもらう必要はあるわけです。一帯一路対インド太平洋のせめぎ合いという観点から見ても、あのあたりにプレゼンスを置いて、少しだけれど日本もやっているんですよ、ということを示す必要がある。

†選択と集中こそが「布石」

白戸　中央政府の実効支配が全土に及んでいないソマリアは、日本が簡単に何かできる場所ではないですからね。そうなるとケニア、エチオピア、タンザニア、それから今は大変かもしれないけれど南スーダンあたりになりますよね。

篠田　ジブチみたいなフランスの旧植民地で、そのフランスの影響力が強いところに何とかプレゼンスを置かせてもらっている。それはそれでいいんですが、他にも何らかのプレゼンスのくさびを打ち込んでおくことは、国際政治を囲碁のように見たときに、意外に後で効いてくることがあるわけですから。

白戸 アフリカ大陸にフォーカルポイント（注視点）が一つあるかないかで、状況は全く違ってくるわけですね。

篠田 まさに布石を打つ、ということなんですよね。南スーダンは意外と布石になる、本当は。米国の関心も基本的にはポジティブなものとしてありますから。

白戸 もともと南スーダンの独立自体が、米国のブッシュジュニア政権の主導で実現していますからね。

篠田 だから、日米同盟と反する形での国連中心主義は行われようがないんですが、調和する形であれば、それはそれでやればいいということになる。

白戸 そういうことでしょうね。

篠田 インド太平洋戦略にしても、とにかくすべての国で、片っ端から中国に近い連中を蹴落として全勝するなんてことは無理なんですよ。でも、どこかに布石を打つとか、くさびを打ち込んでいくような活動がなかったら、今度は逆に全部やられてしまうんじゃないか、ということになるんです。そういう発想の中で国連ＰＫＯ（平和維持活動）問題とか安全保障問題を考えることは大事だと思いますね。

ともかくあらゆる問題が、一帯一路とインド太平洋で展開されつつ、細かい各論にまでも、その影響が及んでいるのをすごく感じますね。日本はその中の主要な超大国プレーヤーではないものの、名前を挙げられる割合主要なプレーヤーです。だから全敗するわけにはいかない。もちろん中国とケンカしたいわけではないですが、構造的な要因でこうなってしまっている以上は、その現実を見据えて、中国と敵対し過ぎないけれども全敗もしないように。

白戸 しかも、重要なところはうまく押さえていく。

篠田 戦略的に意味のあるところをうまく押さえて、選択と集中を行っていかないといけないんです。

白戸 アフリカのことに話を戻すと、アフリカで日本の企業が何でもいいからビジネスをやりたいと言っても、十分な知見もなければ情報網もなく、人脈も乏しいわけです。日本企業が単独でアフリカで何かビジネスを展開できるかというと、実際にはできない。そうなると、アフリカに関して情報網、人脈、知見、経験を持っている第三国の企業と一緒になり、場合によっては日本企業の方がジュニアパートナーというか、車でいう助手席に座って事業を展開していかざるを得ないという現実があります。

ところが、この点を巡っては、不思議な状態がずっと続いてきました。どういうことかと言うと、一九九〇年代以降多くの日本企業が中国に工場を持ち、中国で商売してきました。にもかかわらず、アフリカで破竹の勢いでプレゼンスを広げている中国企業と日本企業が一緒にアフリカでビジネスに取り組むことは、ありえない選択肢でした。ある種のタブーだったと言ってもよい。

アフリカで第三国企業と協力関係を結びたいと思いながらも、そこで中国企業をパートナーから除外してしまうとどうなるか。残るパートナーの候補は二つあります。一つが英仏などの旧植民地宗主国の企業です。特に西アフリカでは、フランス企業のプレゼンスが非常に強い。だから多くの日本企業が、英仏、あるいはドイツ、ベルギー、オランダといったヨーロッパの企業と一緒にビジネスをやりたい、ということになる。

ところが、この時に日本企業が直面する問題があります。それは、日本企業はヨーロッパ旧宗主国の企業の知見、情報網、人脈を使いたいのだけれど、先方にとっては、日本企業と組むことに何のメリットがあるのか見えないことです。日本企業は、アフリカ・ビジネスで欧州側に提供できるものをほとんど持ってません。

そこで次に出てきたのが、旧宗主国ではない国の企業と一緒にやれないかという発想です。その結果、篠田さんがおっしゃった「自由で開かれたインド太平洋戦略」とも関係するところがありますが、にわかに日本企業の注目を浴びるようになったのがインドなんですね。特にかつて大英帝国がインドとアフリカの両方に広大な植民地を有していたために、南部アフリカから東アフリカの国々には、少なく見積もっても二七六万人、多く見積もると六〇〇万人のインド人が移住したと言われています。インドとアフリカとは非常に関係が深いので、インド企業またはアフリカのインド系企業と一緒にビジネスをできないかと考える日本企業があるのです。

†日中で共同インフラ開発？

白戸　ところが、二〇一七年くらいから、おもしろい動きが出てきました。

　安倍政権は極めて保守的な体質の政権だと言われますが、外交面では極めてプラグマティックな顔を持っており、安倍氏の支持者である右派の人たちが不満に思うような政策であっても、現実主義に基づいて粛々と進める一面があります。私は安倍政権の現実主義的な外交政策には評価すべき面が多々あると思っているのですが、それはともかくとして、安倍政権が二〇一七年くらいから熱心に進めているのが中国との関係改善であることは周知の通りです。

　そうした日中の関係改善の流れの中で、コンテンツの一つとして出てきたのが、日中でアフリカを含む第三国のインフラ開発を一緒にできないだろうか、という話です。以前は、中国企業と一緒にアフリカでビジネスをするということは、日本の右の鎖国的な世論に叩かれたりするのも嫌なので、あんまりやりたくないというのが日本企業の本音だったと思います。あるいは、中国は企業ガバナンスの点で不透明なところがあるので、一緒にビジネスを進めるのは怖いという思いもあったでしょう。

ところが、日中関係改善という大きな流れに、両国政府が舵をきった。今までは、「日本企業単独でのアフリカ・ビジネスは困難」と言っていたけれども、中国がアフリカ各地で破竹の勢いでインフラを整備しているのだったら、日本企業もそのインフラを利用させてもらって、あるいは一緒にインフラ開発に取り組む形でアフリカでビジネスを展開した方がいいんじゃないか、という方向に時計の針が大きく動き始めているのではないかと思います。

次の具体的な課題は、中国企業と一緒にアフリカでインフラをつくること、あるいはインフラをマネジメントしていくことが本当にできるのか、ということでしょう。このように、中国の一帯一路と日本のインド太平洋戦略は、実に様々なレベルで、時には対立し、時には競合し、時には協力する状況が生まれています。政府が解決すべき安全保障分野の問題だけではなく、日本の企業社会や一般市民のレベルにまで、中国とどういうふうに対峙していくか、あるいは協力していくかという宿題が課せられており、対立と協調の舞台の一つとしてアフリカも存在するという時代になっていると思います。

†アフリカは「一緒に働く」場

篠田　アフリカは遠いですが、逆に遠いからこそ、近隣諸国と一緒に働くにはいい場所なんですよ。そこに仕事がいっぱいありますからね。

白戸　いい場所ですね。

篠田　それはプライベートセクターでもあるでしょうし、国連ＰＫＯ（平和維持活動）の分野などは典型的にそうなんですね。南スーダンでは、日中韓が同じ一つの屋根のオペレーションの中で展開していた。現場に行けば、同じ釜の飯を食っているから仲よくやろうという雰囲気が自然に出てきますから。

白戸　人間同士ですからね。

篠田　以前、自衛隊が韓国軍に銃弾を貸与して大問題になったことがありましたね。武器の供与に当たるんじゃないか、とか言うことで。こういう事件があると、本当に悲しいんです。現場にいる人が、大変な状況にあればお互い助け合うというのは説明する必要もない、人間として当たり前のことですよ。助けることができる状況にあって、簡単に助けられるのにそれをしないのは、どう考えても普通の人間ではないですよね。でも国会問題になるからやってはいけない、なんて、本当に悲しい話です。

人間と人間が仲よくなるのは、同じ目標を持って、同じ仕事をした時ですよ。

白戸 アフリカや中東で、第三国と共同でインフラをつくったりする方が深まりますよね。共通利益も見つけやすいでしょうし。

篠田 そう。一緒に目標立てて、一緒に働くことができたじゃないか俺たちは、という経験ですよね。

白戸 そうですね。

篠田 一緒に働いて、頭にくることもあったけど、でもいいところもある奴だったというような感覚が、結局はアジア外交にもいい影響を及ぼすんです。

ではその「一緒に働く」がどこでできるのかというと、今一番仕事がたくさんあるのは間違いなくアフリカなんです。だからアフリカでやらなかったらいったいどこでやるんですか、という話ですよ。しかも、南スーダンでできなかったら他にやるところがない。現場は仲よくやっていたのに、とてももったいないんですよね。

アフリカは実は、アフリカだけではなく、いろいろと他の問題をあぶり出すと同時に、他の外交案件に影響を及ぼす。アフリカにはいろんな可能性があるのに、それを掘り起こせていないですね。

†アフリカで日中関係改善を

白戸 今、日中関係の改善に向けて、日中両政府が戦略的に動いていますね。日本側に二〇〇九年に民主党政権が誕生して以降、中国漁船の衝突問題や尖閣諸島の国有化があり、両国関係はどんどん悪くなっていった。中国の東シナ海、南シナ海におけるプレゼンスの拡大もあり、日中双方の相手国に対する感情が悪化しました。

でも今おっしゃったように、南スーダン問題でも対テロ戦争においても、日本も中国も米国もアフリカの国々も、みんな利益は共通しているわけです。アルカイダ系あるいはIS（イスラム国）系の国際テロ組織は、中国人にとっても日本人にとっても米国人にとっても脅威であることに変わりない。

こうした脅威とアフリカでどう対峙していくかについて、各国の利害は同じであり、篠田さんがおっしゃった通り、遠いところの方が利益が共通しており、お互いに経験と知見をシェアしながら共闘できますね。

篠田 そうですね。

白戸 そうした東アジアから遠く離れた地域における日中の共闘が、結果的には両国関係の本丸の部分、つまりアジア太平洋における日中関係についても補完し、断絶できない関係になっていく。そういう多角的な外交がなくなってしまうと、日本外交には基軸としての日米同盟だけがあり、あとは常に角突き合わせている日中・日韓関係しか残らなくなってしまう。こうなると、日本外交は完全に閉塞してしまいますよね。

平和構築で国益を追求する

篠田　一五年ほど前に、国連に平和構築委員会（ＰＢＣ）という組織ができました。これはＰＫＯの検討対象国を決めて、具体的な国の案件を検討していくわけです。最初に決まったのがブルンジとシエラレオネ。その後も、中央アフリカ共和国などのアフリカの国が続いた。委員会の中で一番重要な役割を担うのは、カントリー・スペシフィック・ディスカッションという対象国の検討会合（国別会合）の議長です。この重要ポスト、ノルウェーとかオランダといった国が取ったりするんです。

白戸　これは米国ではだめなんですね（笑）。

篠田　米国はＰＢＣ自体に関心がないから、ヨーロッパの熱心な国々が入ってきます。日本も、関心があるんだと言って、それなりに重要視しているかのように頑張って振る舞っていたと思うんですよ。でも実は、日本はアフリカには大使館がないと言うんです。

ブルンジ、シエラレオネの現地に大使館はない。

白戸　中央アフリカにもありません。

篠田　ところが、ノルウェーも大使館なかったんですよ。だけどPBCの国別会合の議長を取りたいから、大使館をつくっちゃった。大使館など、つくりたければ賃貸契約結んで旗を立てればいいだけなんです。ちゃんとしたものにしたいのなら、半年ぐらいかけて電話線のあるビルの一室を借りればいいんですが、大使館があると言いたいだけなら、二～三日もあればつくれるんですよ。そこは政治的意思の問題です。だから、ブルンジと今度関係を構築したいのでブルンジの議長国になるとなったら、大使館つくるから任せてくれと言えるのかどうか。本当につくって、その後ODA（政府開発援助）もブルンジ向けに増額させる。

それでブルンジの平和構築に関する援助案件は、ノルウェーを通じないと調整できないみたいな形が生まれてきているわけです。

あと、日本はすぐ「何かアジアの国はないですか」みたいなことを言うんですよね。我々はやっぱりアジアに関心があるから、という理由で。一時、東ティモールがPBCの検討国になるのではないかと言われていましたが、当時からならないことはわかっていました。私などに聞いてくれれば、ちゃんと説明するし、外務省も知らないわけじゃないと思うんですが。だいたい東ティモール政府の意向とか、中国との関係の複雑さからいくと、検討対象国になりえないんですよ。

ならないんだけど、願望があるから言ってしまう。一方でアフリカについては、そうはいっても大使館もないしみたいなことを言って、要するにやらないようにしてしまおうと、ぎりぎりのところではサボり精神が出てきて、いろんな理由をつけてはやらないんですね。

結局アジアの国は対象国にならないから、国別会合の議長を日本がやることはなく、でも頑張っていることにしているので、PBCそれ自体の組織委員会の議長を引き受けたりした。それはどんな仕事かというと、例えば出張費が足りないのでもう少しPBC向けの予算を上げろとアフリカ諸国が言うのに対して、米国が絶対無理だ、行きたければ自分の金で行けとケンカしているのを、まあまあと調整したりする役割。損な役回りなんです。何もいいことないのに。

白戸　少なくとも、得になる仕事ではないですね。

篠田　みんな悪口は言わないですよ。頑張って偉いなっていうけど、尊敬はしないですよね。その点ノルウェーは、やはりうまい。

白戸　自分たちの国益に資する形で、それを相手国の利益とうまく重ね合わせていくということなんですね。

篠田　そうなんですよね。

白戸　僕は若い頃、ある国際協力NGO（非政府組織）でインターンをやらせてもらったことがあります。一九九〇年代初頭のことでした。その時に、日本には、国益という言葉自体にアレルギー反応を起こす人が大勢いることに、少々驚きました。「アフリカを支援するのは日本の国益のためであってはならない。あくまでも国際協力と人道的な観点から助けなければならない」というスタンスなのです。だから、日本が日本の国益のためにODAを使うなんて、とんでもない。ノルウェーのように、平和構築での主導的な役割が自らの国益に資するという発想で議論できる状態ではなかった。

今でもそういう人たちはいると思います。それは構わない。けれども、日本の国益について堂々と議論することがかなりできるようになったのは、篠田さん、この二五年間の若干の変化かもしれないなと思うんですが、どうですか。

篠田　ひょっとしたらそうかもしれないですね。

†「横綱相撲」からの転換を

白戸　日本がアフリカに関与しようという時に、「かわいそうだから援助しましょう」というのは、バブルで金が余っている頃の発想です。今のように日本の国力が減衰し、日本国内の社会福祉に使わなければならない予算が膨大な額になっている中で、アフリカへの関与を持続させようと思うのなら、発想を変えなければならない。マルチ外交の主戦場としてのアフリカの利益と、我々日本の納税者が納得できる日本の国益とを重ね合わせる知恵を常に絞り続けていかざるを得ないと思います。

篠田　そうですね。さっきのPBCの事例をまとめると、結局国連はアフリカの話をしているわけですから、そこに入っていって、例えばアフリカの案件の国別会合議長を取ったうえで、インドネシアとかASEAN（東南アジア諸国連合）の大国を呼んで、一緒にアフリカの案件を協力して頑張ろうといったことを言って、アジアチームをつくってアフリカの援助をうまくやる。アフリカのことを援助しつつ、あるいは話し合いしつつ、アジア諸国が一緒に働いている仲間なんだという位置づけで仲よくなる戦法を取っていくというのが、自然な発想ですよね。でもどうしても、アジアの案件をどこでもいいから仕切らせろみたいな発想のままになっている。

白戸　韓国に負けるわけにいかない、とかね。

篠田　そういう発想はもう古いというか、現実の基盤がない。アフリカを、アジアの国と仲よくする場として頑張るっていうことで、いろんなものをほんの少し発想を変えてつくり変えていかないと、本当にジリ貧ですね。焦っているだけで、結局、何にもしてない。

白戸　アジアの経済的な横綱のつもりだったのが、いつの間にか三役ぐらいになって、そのうち前頭になって、気がついたら十両と落ちていくだけですよね、時間の流れとともに。

篠田　ええ。淡々と現実は受けとめるべきです。GDP（国内総生産）が伸び悩んでいる。国連拠出金が加盟国二位だったというのもとにかく過去の栄光で、中国がPKOの予算でも拠出金でも抜いて、これから右肩上がりでどんどん引き離していきますから、とてもじゃないけどお金の話で、アジアで一番出しているのはうちだ、みたいな振る舞いをすることは、笑い話でしかない。国連職員と話していると、やっぱりそういうことを言ってくることが多いですね。

白戸　国連職員の方から？

篠田　そうです。日本はもはや二位ではないわけだから、と。彼らは親切のつもりで言っているんですよ。日本は中国なんかと比べてすごくいい援助をやってくれるわけだから、そこは集中と選択で頑張ってくれないと、みたいなことを。そして、僕は親日家だ、とか言いながら、日本も今までみたいな横綱相撲だけじゃ無理だよ、と言ってくるんですね。

私は学者だから、別にそんなこと言われても、じゃあ金出そうという立場ではないんですが、確かにその通りですよ。繰り返しで恐縮ですけど、アジア外交のためにも、あるいは日米同盟の強化のためにも、マルチでやっているアフリカっていう場を最大限に生かしていく。中国や韓国などと歴史懇談会を幾つも作って、お互いに都合のいい古文書を持ち寄って、どちらが正しいのか白黒つけるために議論し続けたところで、仲よくはなりません。仲よくなるためには、アフリカで同じ釜の飯を食った仲間になる機会を幾つも幾つもつくっていく。そういう場としてアフリカを認識する発想法がもっと必要ですね。

†アフリカ人は中国を冷静に見ている

白戸　では、中国をアフリカ側がどう見ているのか。事実関係からいきましょう。

アフリカにおける面白い世論調査があって、一つはBBCが二〇一四年に実施した調査です。アフリカではケニアとナイジェリアとガーナが調査対象国でした。調査では、次のような質問をするんです。「あなたは中国が世界にとってポジティブな役割を果たしていると思いますか。ネガティブな役割を果たしていると思いますか」。

二〇一四年の調査で、ケニアでもナイジェリアでも六割以上の人たちが、「中国は世界にとってポジティブな役割を果たしています」と答え、中国を肯定的に評価していました。一方、中国に対する評価が世界で最も低い国は日本でした。日本国内で中国をポジティブに評価している人は、わずか三％（笑）。日本人は中国が嫌いだからでしょう。

もう一つ、アフリカにある「アフロ・バロメーター」という世論調査機関が二〇一六年に、アフリカ三六カ国で計五万四〇〇〇人に中国への評価や印象を問うた面接形式の世論調査があります。その結果を見ると、国によって随分差があるけれども、西アフリカのマリでは八〇％以上の人が中国の働きにポジティブな評価を与えています。最も低い国でも、中国の役割を肯定的に評価している人が三〇％以上はいました。中国に対する肯定的な評価が高いというのが、アフリカの現実なんです。この事実を『朝日新聞』の「GLOBE＋」でそのまま紹介したら（本書九五ページ以下参照）、あっという間にネトウヨの人たちから、捏造していると非難された（笑）。どんなことをしても中国が評価されているという事実を受け入れたくない日本人がいるということに、暗澹《あんたん》たる気分になります。まさに右の鎖国ですよ。

私は、別に中国がアフリカで正しいことをやっているということを言いたいのではなくて、アフリカの人たちが中国をどう見ているかという、あくまで数字を紹介したに過ぎません。

「アフロ・バロメーター」の調査結果について、もう少し先に進むと、アフリカ人は中国のことを意外に冷静に見ているんだなと思いました。調査結果からは、多くのアフリカ人が中国製品や中国が建設したインフラのクオリティーの低さを指摘し、これらに対して非常に強い不満を抱いていることがわかりました。

もう一つおもしろかったのは、調査は二〇一六年ですから、トランプ政権が誕生する前の結果だという点には留意が必要なんですが、「世界のどの国のようになりたいか」という質問に、アフリカのほとんどの庶民は「アメリカ」と答える。あるいは旧宗主国の英仏なんですね。あと南アフリカという回答も割と高い。これらを合わせると全体の半分くらいになります。つまり自由民主主義の国です。一方、中国との回答は二割強くらいしかないんですね。

強権体制の支配者的な思想では、国内統治を効率よく進めて権力を独占するために、中国はモデルになり得る国でしょう。支配層の中には、中国というのはいい体制の国だ、と答える人が当然いるでしょう。

しかし、ご存知の通り、アフリカはもともと国家自体が植民地の産物であり、近代国家としては疑問符が付く国が少なからず存在する。今の国家は、そんなに確固たるものとは言えない。だから内戦やクーデターが多いわけですが、アフリカ人は国家の枠に縛られていないし、ガバメント嫌いな人間はたくさんいて、政府に対してかなり自由にモノを言います。ですから、中国のような国にはなりたくないという意見が結構多いのは、よくわかるのです。

そういう意味では、中国政府が中国の体制モデルをアフリカに持ち込んで、アフリカ諸国の政府が自国の国民を締めつけたからといって、アフリカの諸国が中国のような国になるかというと、そうではないと思います。

✝現地のニーズにマッチしているかが重要

篠田　人間というのは不完全なものなので、完璧じゃないと好意的な評価を得られない、なんてことはないんですよ。誰かが誰かを好きであるというのは、彼は完璧な人間で一点の曇《くも》りも欠点もないからではなく、ひょっとしたら間違いだらけ欠点だらけで、時にはあいつには相当な迷惑を受けているんだけど、でも憎めない、結構いいところもあるんだみたいなことで好意的な評価をするわけですね。アフリカの人の中国に対する評価もそれと同じで、品質が悪いことなんてちゃんとわかっているんですよ。でもその一点だけを取って、中国はとにかく絶対だめだとなるかというと、そんなことはない。そんなこと言ったら、世界の人々が全部だめになる。日本だって同じように欠点だけ挙げようと思えばいくらでもあるわけですからね。

白戸　いろいろ援助してくれるし、コミットしてインフラもつくってくれているという部分は評価している、そういう感じなんでしょうね。

篠田　我々もそのように総合的に評価して、何で中国に好意的なんだ、あんなに品質が悪いのにと言うのは、全く意味のない反応。

白戸　それが出てくると、げんなりしますよ。

篠田　例えば、南スーダンのジュバ大学にも紛争解決センターがありますが、その建物は、中国の援助です。まあ、こういう事例はたくさんあって、リベリア大学はキャンパス丸ごと中国の援助ですね。だけどそういうジュバ大学の建物は穴だらけで、水たまりがそこら辺にあったりする。じゃあ、それで根本的に中国人を否定して、日本が素晴らしいということになるかといったら、そうはならない。日本に頼んだら、工事やるって言ってから、逃げちゃって、危ないから人送れません、なんてことになってしまう。どっちもどっちですよ。

人間にはいろんな長所や欠点があって、アフリカ人もそれを全部見きわめたうえで、日本人や中国人とつき合っているわけで、早いのがいいか、完璧を期するのがいいかっていうのは、普通の人間はどっちもどっちなんですよ。

白戸　ケース・バイ・ケースですね。

篠田　アフリカ人にとっても、どっちもどっち。そういう状況で、日本を持っていって、それが現地のニーズとマッチしていることを日本人がわきまえて、「うちはこれができるし、それはあんまりできないんだけど、お宅はこの場面でこうだから、うちのこれがいいんじゃないか」と言ったときに、うちの国のことを結構わかっているんじゃないか、ちゃんと勉強してきたんですね、と言ってもらえるかどうかがすごく重要なところですね。そういったところをわきまえているかどうかが問われるし、さっきの世論調査の評価の仕方も、本当に中国人っていい人なのか、といったふうに捉える必要はない。

白戸　全くありませんね。

篠田　アフリカには、中国人を受け入れたいニーズがやはりあるんだ、と考えたほうがいい。ではそのニーズとは何なのか。日本人と重なるところがあるのか。正直、日本はこれはできないけれども、ならばこの辺のニーズはどうなのかと、ちゃんと分析していかないといけないということですよね。

白戸　そういうことですね。品質なんかについては冷静に見ている。現段階では、技術の高さでは日本に比較優位があるでしょう。

†比較優位で布石を

白戸　それから、アフリカ人は意外に冷静に状況を見ているので、民主的な価値とか、訓練センターみたいなところでPKO（平和維持活動）のノウハウを教えていくことが、日本にはできる。

篠田　技術の比較優位性も、基本的には数カ月単位でどんどん縮まってきているので、正直、もっと焦るべきですよ。今多少でも優位があるものは頑張って育てていかないと、優位がなくなってしまいますからね。二年、三年たつと。

白戸　ウガンダが自力で電気自動車をつくったんですよ。この間、日本人のビジネスマンにそのことを話したら、最初信じてもらえなかった（笑）。仕方ないので写真を見せて、ようやく信じてくれました。ウガンダのマケレレ大学という、旧植民地時代からある大学の先生や学生たちがつくったんです。

篠田　優秀な大学ですからね。

白戸　非常にレベルが高い。アフリカの中でもトップクラスの大学で、そこの学生たちが、アメリカのシリコンバレーでスタートアップ（起業）するような人たちの資金を得たりしてつくっちゃった。そしたらウガンダのムセベニ大統領は「これはいい」と。そこから先の話は早いですよ。事実上の、一党独裁とは言わないけれど、強権支配の国ですから、政府がトントン拍子に話を進めて、国営の自動車会社つくっちゃって、今、工場を建設中です。首都のカンパラから一〇〇キロほどのジンジャという町につくってます。そういうのもできるようになって。

マケレレ大学自体が優秀な大学だけど、そこの学生たちは英語で教育されているから、みんなアメリカやイギリスの超一流大学とかに行って技術を勉強してきている。そういう面では、日本よりも遥かにグローバル化しており、世界の最先端技術にアクセスしているのです。日本人は「日本の技術はすごいから、アフリカなんか歯牙《しが》にもかけない」と思っていますが、それも結構怪しくなってきているんですよ。

篠田　そうですね。

日本が比較優位性を持って、部隊のあるなしではなく技術で入っていく。そのためには自衛隊が道路もうまくつくれたほうがいいだろうけど、実はあんまりそんなに価値はないんですよ、PKO部隊に道路をつくってもらうなんてことは。道路をつくっても、南スーダンの土壌とは合わずに、メンテができなかったりするとかえって害があったりする。

私が自衛隊の人に、一番やったらいいと一推ししているのがドローンです。ドローンはPKOで最先端なんですよね。世界最先端の技術を持っている米国は、そう簡単にはPKOに入ってこないし、自分たちの最先端技術をPKOにシェアするなんていうことはないですから。万が一あったとしても、自分たちで勝手にやったのを時々教えてくれるぐらい。

で、ドローンを導入するときに、ヨーロッパ諸国が結構頑張ってやっているんですよ。だったら日本人も頑張れば結構いけるんじゃないかと思うんです。ドローンはイラクにいたときから結構使ったりしていて、今にしては単なる昔話なんだけど、あのままもう少し、オペレーションの中で使う実践経験も踏まえて技術の革新を図っていったら、ドローンをもってPKOに入っていけたのではないか。ドローンを動かす人間も一緒に張りつければ、インテリジェンス機能のところに入っていけるので、PKOをやっている意味が高まるのではないか、そういう気持ちが私は捨て去れない。情報がどんどん集まってくるところに、かなり中核的な情報のところに必ず日本人が入るっていうことになったはずなんですが。

白戸 官にしても何にしても、日本のエリートをアフリカに引っ張り出すのはなかなか簡単なことではないです。

篠田 PKOはPKOなりにいろんな人たちをかき集めて、いろんな状況でやっていますから、それを踏まえてやれば、日本の比較優位というのが見えないこともない。でもとにかく憲法九条があって、憲法学者がうるさいから道路だけつくりますというのは、それはそれでいいのかもしれないけれど、それは誰が聞いても何の味気もないつまらないだけの話ですよ。ここにまだ優位があるからこれを生かして入って、それで我々にも利益のあるような情報がもらえるみたいな、そういうやり方がないのかなと、よく考えます。そこにもすごく焦燥感があります。

というか、本来もっと焦るべきなんだけど、焦るべき人が野党の国会対策とか、憲法学者の言説のチェックみたいなことばかりしているわけですからね。それやっていて忙しいから、毎日深夜タクシーで睡眠時間ないですと言われてもね。

白戸　アフリカのことを考えていくと、必ず日本の話になるんです。いつもそうなんです。いつも日本の話に戻ってくる。日本はこれで大丈夫かなというのが、非常にいろんなところで見えてしまうのがアフリカとのつき合いです。でも、篠田さんからお話のあった、三つの日本外交の柱のマルチの部分の主戦場がアフリカで、そこを切り捨てたら大変だという話は非常に有益でした。ありがとうございます。

あとがき

日本人が日本語でアフリカ世界について的確に論じることは、果たして可能なのか。アフリカとの関りを持つようになってから、長い間そんな疑問を抱き続けてきた。

二〇一七年の年初に、「朝日新聞GLOBE+」の国末憲人編集長（当時）からエッセイ執筆の話をいただいた時に心に決めたのは、日本語の言語空間でしか通用しない議論に陥らないよう努めるということだった。仮に自分の書いたものが英語や仏語に翻訳されてアフリカの人々の目に触れることがあったとしても、彼らの批判に耐え得る論旨を維持したいという決意である。それが達成できたか否かは読者の審判を待つほかない。

本書の第3章のコラム「英語礼賛は何をもたらすか」でも書いた通り、私は英語を過度に重視する考え方には否定的である。

しかし、国際社会では、社会や科学に関する建設的で影響力のある議論の圧倒的多数は英語でなされている。アフリカの状況を巡る議論であっても、それは同じだ。これと対照的に、国外に対する日本語の影響力の弱さは如何《いかん》ともし難い。日本国内で英語礼賛がはびこる背景にも、日本語の国際的影響力の弱さがあるだろう。

こうした日本語の非国際性は、いくつかの問題を生み出してきたと思う。その一つは、日本語による発信者（その圧倒的多数は日本人）が、自らの発言内容の国際的な普遍性について無自覚で、外国の人々から批判されることへの覚悟もないまま無責任な発言をしたり、日本国内の特定の人々に「ウケる」内容を発信することだ。要は、何を言っても日本人にしか分からないので、自らの発信への責任感が希薄化しやすいということである。

日本人がアフリカについて語る時には、こうした問題が長年にわたってつきまとってきたと感じている。そして、こうした「アフリカの論じ方」にまつわる問題は、アフリカを見下す「アフリカ侮蔑論者」と、その対極でアフリカを美化する「アフリカ礼賛論者」の双方が共通して抱えてきたように思う。

前者のアフリカ侮蔑論者には、官僚や企業人といったエリートが少なくなかった。一九九三年、アパルトヘイト（人種隔離）体制から民主国家への移行期にあった南アフリカで、大学院生だった私がしばしば目にしていた光景は、南アフリカ駐在の日本のエリート商社マンたちが、レストランなどで「クロンボに政権なんか担えるか」と日本語で黒人を蔑む話に花を咲かせる姿だった。怠け者のアフリカ人、仕事の遅いアフリカ人、将来のことを考えないアフリカ人、だから貧しいアフリカ人――。

　経済大国ニッポンの屋台骨を支えていることへの自負と、アフリカ駐在における様々な苦労が彼らのアフリカ蔑視の心情を増幅していたのかもしれないが、公共の場で差別発言を延々と続ける無防備ぶりは、日本語というバリアに守られていることへの安心感に根差していたように見えた。

　一方、後者のアフリカ礼賛論者もまた、日本語のバリアに守られながら発言していた点で、前者と同じ問題を抱えていたと、私は思う。

　日本国内におけるアフリカ礼賛論の主な担い手は、反体制色の強い一部のアフリカ研究者や市民運動家であった。いわく、アフリカには誇るべき独自の伝統があり、これを尊重すべきだ――。ここまではよい。だが、発言がしばしば次のような方向に進む人がいた。だから開発など百害あって一利なし、アフリカでの企業活動の拡大はもってのほか、経済成長よりも伝統の保持が最重要である、そもそも経済成長の裏で心を病んだ日本人に比べてアフリカの人々の目はなんと輝いていることか――。

　日本社会にはこうしたアフリカ礼賛論に対する一定の需要が存在し、礼賛論者はこの需要に応えることで、日本国内で「アフリカ専門家」として一定の地歩を固めることができた。彼らはアフリカの人々を近代的開発の「犠牲者」と位置づけ、自分はアフリカ人の代弁者であると言い募ることで、経済成長優先の社会に疲れた一定数の日本人を精神的に慰撫する役割を担ってきたように思う。

だが、「開発は不要」などと聞いたら怒るアフリカ人は五万といるだろう。世界の中でアフリカの人々だけが、物質的な豊かさの追求を断念しなければならない理由などどこにもない。礼賛論者はアフリカの人々の味方であるかのように振る舞ってはいるものの、自らは戦後日本の経済成長と開発の恩恵に浴しながら、アフリカの人々が同じ恩恵を追求することを否定してきたのではないか。私には、アフリカの人々には届かない日本語の言論空間が、それを可能にしたように思えてならない。

二〇一四年に一九年間勤めた新聞社を中途退職し、総合商社の研究所に移籍したが、およそ二〇年前に聞くに堪えないアフリカ蔑視の発言を繰り広げていた「企業戦士」の世代は既に退職し、社会の一線を退いていた。代わりに、自社の利益を追求しながらもアフリカの人々の役に立ちたいと真剣に語る若い社員が大勢いることが嬉しかった。

学界やNGOの世界に目を転じると、アフリカ各地の伝統的生活形態を尊重しつつ、企業の力をアフリカの人々の生活水準の向上にどのように役立てるかを模索している若者が多数おり、こうした現状にも勇気づけられている。

アフリカに対する侮蔑が経済大国日本の思い上がりの産物であったのならば、いびつなアフリカ礼賛は経済成長至上主義の陰画だったのかもしれない。二一世紀の日本の停滞は深刻な問題だが、経済成長の終焉は、柔軟で優しく、弱者の立場に寄り添おうとするバランス感覚に富んだ新しい世代を日本に生み出した。彼らならば、アフリカの人々とかつてない良い関係を作れるような気がする。

白戸　圭一

二〇一九年五月

初出一覧

出典名に記載がないものは、すべて「朝日新聞ＧＬＯＢＥ＋」（https://globe.asahi.com/）上で公開。年月日は公開日。

Ⅰ　アフリカを見る　アフリカから見る

第１章　発展するアフリカ

１　援助ではなく投資を
（「増え続ける「胃袋」をどう満たすか?」二〇一七年四月一三日、「ビジネスに「アフリカ」という選択を考えてみる」二〇一七年四月二七日、「もう援助はいりません　必要なのは投資です　アフリカからの声」二〇一七年五月一一日）

２　激変する世界——躍進と変革のエチオピア
（「エチオピアとケニア　ＧＤＰ逆転で思うこと」二〇一七年八月三日）

３　「危険なアフリカ」の固定観念
（「エボラ熱対策、「アフリカは危ない」の固定観念ないか」二〇一七年五月二五日、「再び

「エボラ」発生のニュースを聞いて」二〇一八年六月二一日)
【コラム】黒人女性が造る南アフリカワイン
(「黒人で、女性。二重の壁を破った南アフリカのワイン醸造家」二〇一九年四月一八日)

第2章　アフリカはどこへ行くのか

1　アフリカ農業――アジアで見た発展のヒント
(「アフリカ農業発展のヒントをミャンマーにみた」二〇一九年二月二一日)
2　「愛国と「排外」の果てに
(「コートジボワール、排外主義と内戦の末」二〇一七年八月一七日)
3　「隣の友人」が暴力の担い手になる時
(「アフリカで、「身近な隣人」が暴力の担い手になる時」二〇一七年一〇月五日)
4　若き革命家大統領は何を成し遂げたか
(「若き革命家大統領の死から30年」二〇一七年一一月二日)
【コラム】匿名の言葉、実名の言葉
(「匿名の言葉、実名の言葉」二〇一八年二月一五日)

第3章　世界政治/経済の舞台として

1　中国はアフリカで本当に嫌われているのか

（「中国はアフリカで本当に嫌われているのか」二〇一七年七月六日）
2　中国がアフリカに軍事拠点を建設する理由
（「ジブチに完成した中国軍基地と日本の安全保障」二〇一七年七月二〇日）
3　北朝鮮は本当に孤立しているのか
（「北朝鮮は本当に孤立しているのか」二〇一七年八月三一日）
4　アフリカに阻まれた日本政府の「夢」
（「山本議員の「あんな黒いの」発言」二〇一七年一二月一四日）
5　アフリカの現実が迫る「発想の転換」
（「腰が重い日本企業のアフリカ投資　「常識」にとらわれすぎていないか」二〇一九年一月二四日）
【コラム】英語礼賛は何をもたらすか
（「英語礼賛は何をもたらすか」二〇一八年三月一五日）

第4章　アフリカから見える日本
1　武力紛争からテロへ——変わる安全保障上の脅威
（「テロは日本の脅威になるのか」二〇一七年九月一四日）
2　南アフリカのゼノフォビア——日本への教訓
（「外国人労働者が不満のはけ口に　襲撃事件が相次いだ南アフリカから日本が学ぶ教訓」二

〇一八年一二月二〇日)

3　アフリカの小国をロールプレイする
(「演じてみて初めて気づく、無視される小国の苦労」二〇一八年八月二三日)

4　忘れられた南スーダン自衛隊派遣
(「忘れられた南スーダン自衛隊派遣」二〇一七年六月二二日、「メディアの報道から消えたアフリカの国」二〇一九年三月二一日)

【コラム】日本人の「まじめさ」の裏にあるもの
(「日本人の「まじめさ」の裏にあるもの　アフリカで考えた」二〇一八年七月二六日)

Ⅱ　アフリカに潜む日本の国益とチャンス（篠田英朗氏との対談）
新潮社 Foresight「【特別対談】白戸圭一×篠田英朗：「アフリカ」から見える「日本」「世界」のいま」二〇一八年一一月一二日公開（https://www.fsight.jp/articles/-/44469）

ちくま新書
1428

アフリカを見《み》る　アフリカから見《み》る

二〇一九年八月一〇日　第一刷発行

著者　白戸圭一（しらと・けいいち）

発行者　喜入冬子

発行所　株式会社　筑摩書房
東京都台東区蔵前二-五-三　郵便番号一一一-八七五五
電話番号〇三-五六八七-二六〇一（代表）

装幀者　間村俊一

印刷・製本　三松堂印刷　株式会社

ISBN978-4-480-07242-9 C0231

ちくま新書

465
憲法と平和を問いなおす
長谷部恭男
情緒論に陥りがちな改憲論議と冷静に向きあうには、そもそも何のための憲法かを問う視点が欠かせない。この国のかたちを決する大問題を考え抜く手がかりを示す。

594
改憲問題
愛敬浩二
戦後憲法はどう機能してきたか。改正でどんな効果が期待できるのか。改憲論議にはこうした実質を問う視角が欠けている。改憲派の思惑と帰結をクールに斬る一冊！

905
日本の国境問題
――尖閣・竹島・北方領土
孫崎享
どうしたら、尖閣諸島を守れるか。竹島や北方領土は取り戻せるのか。平和国家・日本の国益に適った安全保障とは何か。国防のための国家戦略が、いまこそ必要だ。

997
これから世界はどうなるか
――米国衰退と日本
孫崎享
経済・軍事・文化発信で他国を圧倒した米国の凋落が著しい。この歴史的な大転換のなか、世界は新秩序を模索し始めた。日本の平和と繁栄のために進むべき道とは。

882
中国を拒否できない日本
関岡英之
大きな脅威となった中国の経済力と軍事力。そこにはどのような国家戦略が秘められているのか。「超限戦」に対して「汎アジア」構想を提唱する新たな地政学の試み。

1016
日中対立
――習近平の中国をよむ
天児慧
大国主義へと突き進む共産党指導部は何を考えているのか？　内部資料などをもとに、権力構造を細密に分析し、大きな変節点を迎える日中関係を大胆に読み解く。

1258
現代中国入門
光田剛編
あまりにも変化が速い現代中国。その実像を政治史、文化、思想、社会、軍事等の専門家がわかりやすく解説。歴史から最新情勢までバランスよく理解できる入門書。

ちくま新書

1111 平和のための戦争論 ——集団的自衛権は何をもたらすのか？ 植木千可子

「戦争をするか、否か」を決めるのは、私たちの責任になる。集団的自衛権の容認によって、日本と世界はどう変わるのか？ 現実的な視点から徹底的に考えぬく。

1152 自衛隊史 ——防衛政策の七〇年 佐道明広

世界にも類を見ない軍事組織・自衛隊はどのようにできたのか。国際情勢の変動と平和主義の間で揺れ動いてきた防衛政策の全貌を描き出す、はじめての自衛隊全史。

1199 安保論争 細谷雄一

平和はいかにして実現可能なのか。安保関連法をめぐる激しい論戦のもと、この重要な問いが忘却されてきた。外交史の観点から、現代のあるべき安全保障を考える。

1236 日本の戦略外交 鈴木美勝

外交取材のエキスパートが読む世界史ゲームのいま。「歴史」の和解と打算、機略縦横の駆け引き、舞台裏で支えるキーマンの素顔……。戦略的リアリズムとは何か！

1372 国際法 大沼保昭

いまや人々の生活にも深く入り込んでいる国際法。「生きた国際法」を誰にでもわかる形で、体系的に説き明かした待望の入門書。日本を代表する研究者による遺作。

1193 移民大国アメリカ 西山隆行

止まるところを知らない中南米移民。その増加への不満がいかに米国社会を蝕みつつあるのか。米国の移民問題の全容を解明し、日本に与える示唆を多角的に分析する。

1005 現代日本の政策体系 ——政策の模倣から創造へ 飯尾潤

財政赤字や少子高齢化、地域間格差といった、わが国の喫緊の課題を取り上げ、改革プログラムのための思考を展開。日本の未来を憂える、すべての有権者必読の書。

ちくま新書

900 日本人のためのアフリカ入門　白戸圭一
負のイメージで語られることの多いアフリカ。しかし、それらはどこまで本当か？　メディアの在り方を問い直しつつ「新しいアフリカ」を紹介する異色の入門書。

1267 ほんとうの憲法　――戦後日本憲法学批判　篠田英朗
憲法九条や集団的自衛権をめぐる日本の憲法学者の議論はなぜガラパゴス化したのか。歴史的経緯を踏まえ、政治学の立場から国際協調主義による平和構築を訴える。

1033 平和構築入門　――その思想と方法を問いなおす　篠田英朗
平和はいかにしてつくられるものなのか。武力介入や犯罪処罰、開発援助、人命救助など、その実際的手法と背景にある思想をわかりやすく解説する、必読の入門書。

1220 日本の安全保障　加藤朗
日本の安全保障が転機を迎えている。「積極的平和主義」とは何か？　自国の安全をいかに確保すべきか？　これらの点を現実的に考え、日本が選ぶべき道を示す。

1345 ロシアと中国　反米の戦略　廣瀬陽子
孤立を避け資源を売りたいロシア。軍事技術が欲しい中国。米国一強の国際秩序への対抗……。だが、中露蜜月の舞台裏では熾烈な主導権争いが繰り広げられている。

1277 消費大陸アジア　――巨大市場を読みとく　川端基夫
中国、台湾、タイ、インドネシア……いま盛り上がるアジア各国の市場や消費者の特徴・ポイントを豊富な実例で解説する。成功する商品・企業は何が違うのか？

1382 南スーダンに平和をつくる　――「オールジャパン」の国際貢献　紀谷昌彦
二〇一一年に独立した新興国南スーダン。その平和構築の現場では何が起こり必要とされているのか。前駐在大使が支援の最前線での経験と葛藤を伝える貴重な証言。